MAKING. 1

映画のワンシーンを一部紹介。
着物でタップダンスを披露するシーンは必見です。

第1回
加賀温泉 女将ゼミナール

STAFF

本海・北國新聞

KAGA

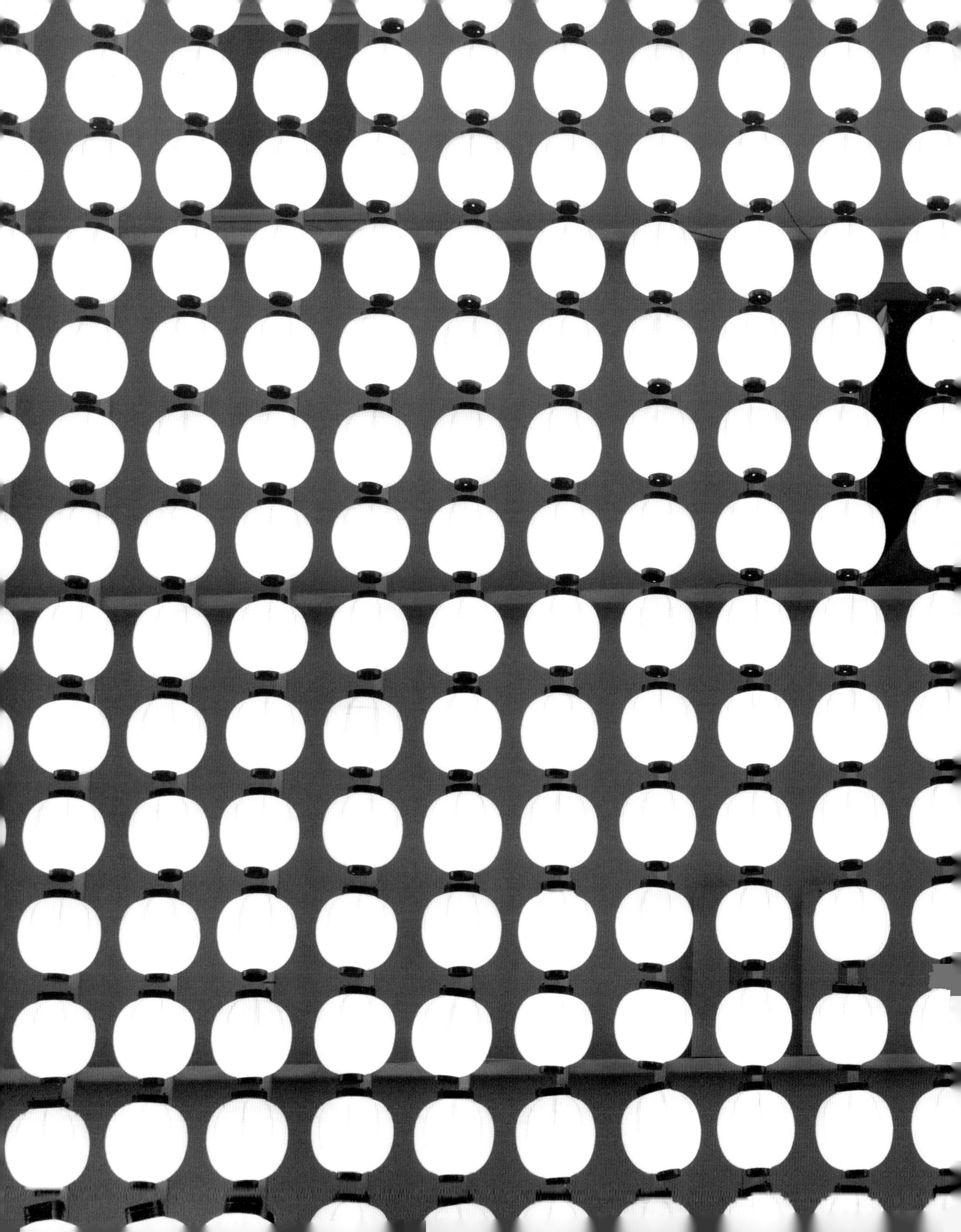

レディ加賀

Contents

メイキング1……01
小芝風花 Special Interview……23
雑賀俊朗監督 Special Interview……29
登場人物紹介……35
メイキング制作ノート……45
映画『レディ加賀』公開までの道のり……54
ロケ地案内……55
ようこそ石川県……61
TRIP加賀……64
加賀のグルメ・特産品……68
Lady Kagaとは何なのか?……70
映画に華やかな演出 加賀友禅……74
月星製作所……76
メイキング2……80

小芝風花

Fuka Koshiba

スペシャルインタビュー

Special Interview

温泉街で音楽に合わせ、着物でタップを踊るという「和と洋の融合」は見応えがあると思います。

母と娘の関わりに共感

―台本を読んだとき、今作にどのような印象を持ちましたか。

まず、タップが題材になっているところに惹かれました。そして、着物を着てタップを踊るという「和と洋の融合」がかっこいいなと思い、ぜひ演じてみたい作品だと思いました。

―それまでタップの経験はなかったそうですが、練習は苦労されたのではないでしょうか。

クランクインの9か月前から練習が始まったのですが、私はプロのタップダンサーを目指す役どころなので、共演者の皆さんよりも上手に踊れないといけなくて。最初に先生から振り付けを見せてもらったときには、絶望感しかないくらい難しかったです（笑）。タップは、芯のある大きな音を出せるまでが難しいんです。だから自宅にベニヤ板と吸音材を敷いて、レッスンの帰宅後にも自主練習をしていました。

私は子どもの頃にフィギュアスケートを習っていたのですが、フィギュアは体を上へ上へと伸ばして表現するものなのです。ところが、タップは下へ下へと下半身を踏み込むイメージ。最初はフィギュアの癖が抜けず、しっかりと足を踏み込むことが難しかったです。

―タップダンス独特のリズムを捉えるのが難しそうですね。

最初はスローテンポでしかできなかったのですが、練習を重ねるごとにいい感じに力が抜けていき「タタンッ」と、音が小気味良くなるのがわかるんです。音の変化によって自分で上達がわかるので、練習はすごく楽しかったです。

―小芝さんとほぼ同世代の「樋口由香」を演じるうえで、意識したことや気づいたことはありますか。

由香には、プライドは高いけど甘えん坊の一面があります。プロのタップダンサーになる夢がなかなか叶えられないと知ったとき、「実家の温泉旅館を継いで、女将になってあげる」って、逃げ道を探してしまう弱い面がありました。しかし、それは現女将の母親に見抜かれているんですよね。私自身は少し負けず嫌いなところがあって、それ故に諦めが悪い部分があります。うまくいかないからって、実家に帰っちゃうタイプではないです（笑）。私の母は「いつも成功した自分をイメージしなさい」と言ってくれていました。そのおかげで何かトラブルがあっても、成功するためにどうやって対処すればいいかを考えるようになり、いろんなことを乗り越えられている気がします。でも、由香のお母さんも私の母も、厳しさを持ちながら娘の頑張りを温かく見守ってくれるという点では、とても似ています。

―印象的なシーンはありますか。

やはりタップを披露するシーンです。共演者の皆さんとも、このために練習を頑張ってきたし、撮影は観客の前で披露する緊張感がありました。監督の「カット、オッケー」の声で「よくやったね！」ってみんなで喜び合いました。もう一つは、由香と母親がわかりあうシーンです。それまで厳しく冷たいと思っていた母親が、実はずっと由香を見守り応援してくれていたことがわかった。由香の成長のきっかけになる、とても大切な瞬間です。このシーンが映画の肝になる場面だと思ったので、特に丁寧に表現したいと思いました。

加賀温泉、加賀友禅の魅力

―加賀の町を楽しめましたか。

あまり外出する時間がありませんでしたが、2度ほどお寿司を食べに行きました。ノドグロのお寿司は最高においしかったです！ 珍しく夕方に撮影が終わった日は、たまたま加賀温泉の「菖蒲湯まつり」があったので、共演者の皆さんと出かけました。厄祓いのために菖蒲を温泉に投げ込み、菖蒲の香りや効能を楽しむ伝統的な祭りらしいのですが、あのお祭りに出かけた

おかげで、みんながぐっと仲良くなれました。

―雑賀監督は本誌インタビューにて「温泉に入れて、ぜいたくな撮影でした」と、撮影を振り返っていました。温泉はいかがでしたか。

撮影期間中は、共演者の皆さんと同じ旅館に泊まっていました。その日の撮影が終わるとすぐに旅館内の温泉に直行(笑)。浴室に入ると共演者の誰かが必ずいて「終わったよー」「お疲れ様」「今日はこんなことがあったよね」と、お湯に浸かりながらのんびり話をしていました。共演者と寝食を共にし、あの温泉タイムがあったから厳しい撮影を乗り切れたと思います。今度はプライベートで加賀温泉に行きたいです。温泉街をもっとゆっくり楽しみたいし、おいしいものもたくさん食べたいです。

―劇中では、俳優がさまざまな着物を着ている姿もとてもきれいで品があり、印象的でした。着物は「加賀友禅」でしたが、実際に着た印象はいかがでしたか。

加賀友禅は、高価でぜいたくで、特別な着物というイメージがあるのですが、今回私たちが着させていただいた加賀友禅は、色も柄も派手さはなく古典的。むしろ日常使いしたくなるような温かさや優しさがありました。デザインや色味だけでなく、着心地も手触りも、とにかく着る人に優しく寄り添ってくれる着物なんです。今回は、地元の方がボランティアで着物を貸してくださり、着付けも担当してくださいました。タップを踊るからと着崩れしないように、そして、私たちが動きやすいように着付けを工夫してくださって。しかも、撮影は朝から夜までの厳しいスケジュールだったのに、「着てくださるだけでうれしいから」と、嫌な顔ひとつせず撮影に尽くしてくださいました。加賀の方って本当に温かくて優しく、愛情深い人が多いなと感じました。本当に感謝しています。

―映画『レディ加賀』を鑑賞する方にメッセージをお願いします。

本当にタップを頑張りました!(笑)。友達の発表会を見にいく感覚で、温かい目で見に来てください。温泉街で音楽に合わせ、着物でタップを踊るという「和と洋の融合」は見応えがあると思います。ぜひ楽しんでください。そして加賀温泉や加賀友禅、タップダンスに興味を持っていただける人が増えるとうれしいです。

Fuka Koshiba

こしば ふうか◎大阪府出身。『ガールズオーディション2011』でグランプリを受賞。2012年、ドラマ『生きもできない夏』で女優デビュー。2014年、初主演映画『魔女の宅急便』でブルーリボン賞、日本映画批評家大賞の新人賞を受賞。以後数々の作品に出演。主な出演作品に、連続テレビ小説『あさが来た』、ドラマ『トクサツガガガ』、『妖怪シェアハウス』、『彼女はキレイだった』、『波よ聞いてくれ』など。また、2024年1月からフジテレビドラマ『大奥』が放送。ドラマ・映画・バラエティ・CMなどで幅広く活躍中。

Toshiro Saiga

雑賀俊朗

スペシャルインタビュー

Special Interview

加賀温泉郷を舞台に、旅館の若女将たちがタップダンスを通じて盛り上げていく物語。

—今作品の着想と、制作の経緯について教えてください。

2013年に公開した『リトル・マエストラ』という作品があるのですが、その撮影で石川県を訪れていた頃、ちょうど『レディー・カガ』（加賀温泉郷で働く女性たちで結成された地域活性化プロジェクト）のプロモーションを目にしたんです。女将さんたちが駅でずらっと並ぶ姿を見て、楽しそうに踊っているイメージが浮かんできて……。ずっとそれが心に残っていました。その後、映画のお話をしたら、加賀市の方からも「ぜひに」という言葉をいただき、同プロジェクトをベースにした、オリジナルストーリーの映画を作ることになりました。

—作品の中ではタップダンスが象徴的ですが、あれもオリジナルなんでしょうか。

以前から「和と洋の融合」を撮ってみたいなという思いがあって、和服にタップダンスを組み合わせたら面白いのではないかと考えていました。上海国際映画祭に『リトル・マエストラ』が招かれた時に、僕の妻が、「石川県の作品だから」と加賀友禅を着て行ったんですが、海外の方たちにすごく好評で、着物の底力を感じました。世界には数多の民族衣装がありますが、色も柄も多彩な着物は本当に美しいものだと思います。それから、前にテレビ番組で女将さんにフォーカスした企画が立ち上がったことがあるんです。そのときに、女将さんたちに話を聞く機会があったのですが、皆さん「女将に必要なのは人間力」っておっしゃっていたんです。各地で開催されている女将塾などの話も伺いましたし、そういった着物や女将文化もストーリーに組み込みたいと考えていました。

—実際に経験したことが映画の中で生かされているんですね。

加賀市では開催されていませんが、全国には女将塾が結構あります。また、もともとアニメが趣味で日本が好きになり、そのうち「日本文化の最たるものである〝おもてなし〟の仕事がしたい」と、外国人女将になった方にもお話を聞きました。水商売から転身する女将のエピソードも、実際に得た情報が生かされています。そして「能登地震や東日本大震災、コロナショックが観光に大打撃を与えた」という言葉にも、現地の声が反映されています。

—代表作である『リトル・マエストラ』や『カノン』も石川県が舞台ですが、同地への思い入れや、改めて石川県の印象を教えてください。

『リトル・マエストラ』は金沢市や志賀町、『カノン』は富山県黒部市や金沢市が舞台です。それ以前にもテレビで『金沢のコロンボ』というシリーズを撮っていて、その頃から毎年、石川県を訪れています。行くたびにいいなと感じる場所が増えていき、それが自然と映画に生かされてきました。僕は、「日本の真ん中よりも端っこにストーリーがある」と思っていて。例えば過去作である『チェスト！』は鹿児島県が舞台で、2023年に公開した『レッドシューズ』は自分の地元である福岡県北九州市が舞台です。特に北九州市では、生まれ育った地元の良さをまっさらな目でもう一度見つめ直すことができました。地方には、上京したり、街に残ったり、出会いと別れがあり、そこにしかない物語が生まれやすいです。その土地にしかない独特の生活スタイルがあるので離島も好きです。それから加賀市の印象ですが、とにかく文化度が高いです。伝統芸能や文化の継承があり、美術館などの施設も充実しています。加賀市には「長唄が木の上から聞こえてくる」という言葉が残されているのですが、これは木の剪定をしている庭師さんが長唄を口ずさんでいる、庭師さんでもお稽古事をしているという意味だそうです。「加賀百万石」という言葉でもわかる通り、全国的にも飛びぬけて石高が高く、裕福だった加賀藩

は、庶民にも文化や教養が行き渡っていたことが伺えます。劇中に出てくるYOSAKOIソーランもとても人気があります。

—『リトル・マエストラ』『カノン』『レッドシューズ』、そして今回の作品と共通して女性の成長が描かれていますが。

過去には男性が主役の作品も撮っているので、必ずしもそういうわけではないのですが、僕の上には姉が二人いて、父は地元の製鉄所で働いていて忙しかったから、母が家のことを切り盛りしていました。そういった母や姉たちが頑張る姿を間近で見ていたので、応援したいという気持ちはずっと持っています。それが映画にあらわれているのかもしれませんね。

—今回のキャスティングに関しては、どのようにされたのでしょうか。

今作品はコメディ要素も多いので、そこを表現できる方がいいなと思っていました。主演の小芝風花さんは日本のコメディアンヌと言われるくらい、コミカルな演技が大変上手な女優さんというイメージがありましたし、起伏の激しい役を魅力的に演じていただけるのではないかと期待していました。そして彼女は以前にフィギュアスケートをされていたから、体幹がしっかりしています。タップダンスの練習も熱心に取り組んでくれ、プロも驚くほどのスピードで上達しました。それから、コメディ要素でいえば、森崎ウィンさんもかなり突き抜けた演技をしてくれました。今回、少し特殊な役だったので「引き受けてくれるかな～?」と思いながらオファーしたのですが、「ぜひやらせてください!」と快諾してくれました。

—撮影の苦労はありましたか。

苦労はもう……(笑)。そもそも撮影時に、新型コロナウイルス感染症の蔓延がまだ収まっていなくて、食事などにも随分と気を付けていました。コロナ検査も実施したし、時間も労力もかかりましたね。そんな中でも地元の方たちは、宿の手配や情報の提供など、とても協力してくださいました。映画を撮る時、僕は大体一年くらい前からその土地を訪れていろんな人に会って話を聞くんです。そこで地域のことを知ったり、おいしいものを食べたりしていく中で、地元の人たちと仲良くなって、撮影時には図らずも皆さんがすごく助けてくださる感じです。「皆で一緒に作る」という姿勢は、うちのチームが何より大事にしていることのひとつです。

—おすすめのロケ地はありますか。また、この作品を観た地元の方たちの感想を教えてください。

山中温泉、山代温泉、片山津温泉、三つの温泉地をまんべんなく取り入れられたかなと思います。山中温泉は渓谷の中にあって緑豊かですね。『こおろぎ橋』や『あやとりはし』のようなユニークな橋が複数あります。山代温泉は『古総湯』に代表する、加賀温泉郷の総本山のような土地です。『浮御堂』のある片山津温泉は海が近くて柴山潟の花火も素敵でおすすめです。タップダンスの稽古場として使った『芸妓検番 花館』は、普段は展示場になっています。古い建物なので踊っても大丈夫か不安だったのですが、もともと芸妓の稽古場だったこともあり、木がすごくしっかりとしていて重宝しました。一足先に作品を観ていただいた地元の方、特に女将さんたちからは「女将の世界がよく描かれている」という感想をいただき、中には感情移入して涙を流される方もいらっしゃいました。僕の中では笑って終わる作品だと考えていたので驚きましたが、共感

女将ゼミナール
Champi

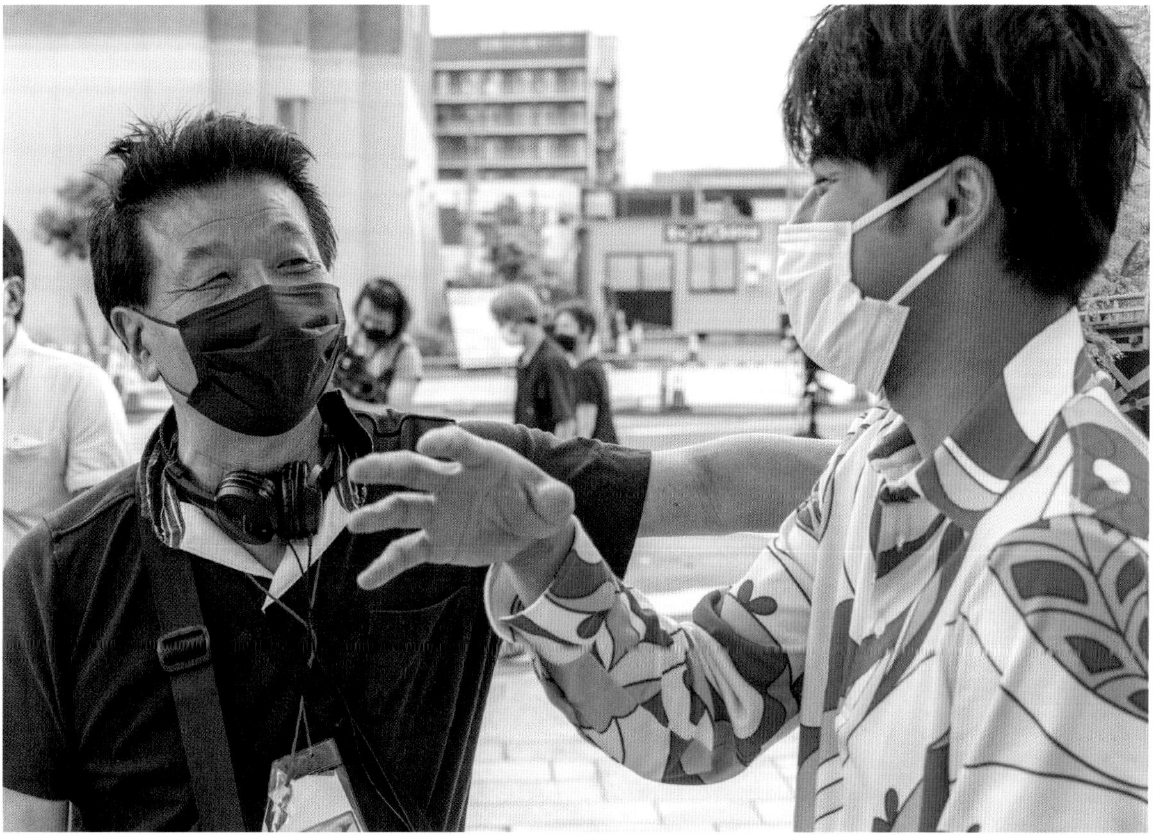

してくれたのはすごくうれしかったですね。

―今回の作品の見どころは。

一番力を入れたのはラストシーンですね。着物でタップダンスを踊るということが結構大変だったのですが、日本のタップダンスの第一人者・火口秀幸さんが指導に入ってくださり、とても助けられました。映画『座頭市』の演出を手掛けられていたので、着物を着たタップダンスがかなり難しいことをよくわかっていらして、襦袢がはだけたり着物が着崩れしないよう、和装アドバイザーの方と一緒に色々と工夫してくださり、おかげで印象的なシーンが撮れました。そして、高価な加賀友禅を快く貸し出してくださった関係者の方にも、大変感謝しています。また、見どころとしては、着物とタップダンスのほかに、親子の絆や友情、女将の世界を描くことにも力を入れたので、注目してほしいです。

―この映画に込めた監督の想いを聞かせてください。

ひとつは「希望」。コロナ禍にあって、映画の中に希望を入れたいとより強く思うようになりました。「きっとこの先、いろんなことがもっとうまくいくんじゃないか」。そう感じさせるようなラストを心がけています。そしてもうひとつは、「自分にとって大切なものを見つめ直すこと」。あるアメリカの経済学者が、「コロナは人類に大きな傷跡を残したけど、ひとつだけ良いことを教えてくれた。それは、色々な制限の中で、自分が誰に会いたいのか、何をしたいのか、見つめ直す時間をくれたことだ」と言っていたんです。すごく良い言葉だなと思いました。自分にとって本当は何が一番大切なのか。この映画を通じて考えるきっかけになればと思っています。そして、映画の公開は北陸新幹線の敦賀延伸直前の２０２４年２月。映画を観て「加賀って素敵」と感じてくれた人たちが、ぜひ現地に足を延ばしてくれたらうれしいです。

Toshiro Saiga

さいが としろう◎福岡県北九州市出身。早稲田大学社会科学部を卒業後、泉放送制作を経て株式会社サーフ・エンターテイメント社長。数多くのTVドラマや番組の企画立案を手掛け、プロデューサーやディレクターを務める。2001年『クリスマス・イヴ』で劇場映画監督デビューを果たし、以降は映画作品に活発に参加。2008年『チェスト！』は角川日本映画エンジェル大賞受賞、香港フィルマート日本代表。2013年『リトル・マエストラ』は上海国際映画祭の日本映画週間に招待。2016年『カノン』は、中国のアカデミー賞とされる金鶏百花映画祭国際映画部門において、最優秀作品賞・最優秀監督賞・最優秀女優賞の三冠を達成。2023年『レッドシューズ』は、北米最大の映画祭、カナダ・モントリオールのファンタジア国際映画祭に招待され、ワールドプレミアム上映。

登場人物紹介

ひぐち旅館／若女将

樋口由香

小芝風花

Fuka Koshiba

こしば ふうか◎大阪府出身。『ガールズオーディション2011』でグランプリを受賞。2012年、ドラマ『生きもできない夏』で女優デビュー。2014年、初主演映画『魔女の宅急便』でブルーリボン賞、日本映画批評家大賞の新人賞を受賞。以後数々の作品に出演。主な出演作品に、連続テレビ小説『あさが来た』、ドラマ『トクサツガガガ』、『妖怪シェアハウス』、『彼女はキレイだった』、『波よ聞いてくれ』など。また、2024年1月からフジテレビドラマ『大奥』が放送。ドラマ・映画・バラエティ・CMなどで幅広く活躍中。

夢見るタップダンサー

女将・樋口春美（檀れい）の娘。タップダンサーになる夢を半ば諦め、女将になることを決意し、女将ゼミナールに通い始める。そんな折、町おこしのイベントで若女将たちがタップダンスを披露することに。若女将たちのタップダンス指導にあたることになり、日々奮闘する。

いしざき旅館／若女将

石橋あゆみ

松田るか

Ruka Matsuda

まつだ るか◎沖縄県出身。小学5年生の時に地元・沖縄でスカウトされ2014年上京。2016年4月『めざましテレビ』（フジテレビ）のイマドキガールに起用。2016年ドラマ『仮面ライダーエグゼイド』、2018年ドラマ『賭ケグルイ』、2019年『賭ケグルイseason2』に出演。同年にはさらに『BACK STREET GIRLS -ゴクドルズ-』『映画 賭ケグルイ』『映画 としまえん』と映画3作に出演。NHK連続テレビ小説『スカーレット』、写真集『松田るか1st.写真集 RUKA / LUCA』を発売。

由香の良き理解者

由香とは幼馴染で、由香にとって良き相談相手。いしざき旅館の女将を引き継ぐために、由香と同様に女将ゼミナールに参加する。タップダンサーのメンバーとして、タップダンスの練習にも積極的に参加するが、ある日を境に、練習に顔を見せなくなる。

観光課

松村康平

青木瞭

Ryo Aoki

あおき りょう◎1996年2月26日生まれ。神奈川県出身。2016年、GirlsAward×avex『Boys Award Audition2nd』BoysAward Audition賞受賞。その後、応募総数約5,000人の中から選ばれ、2017年より秋元康プロデュース「劇団4ドル50セント」の劇団員として活動。主な出演作は、ミュージカル「テニスの王子様」、「仮面ライダーセイバー」（テレビ朝日）、ドラマ「真犯人フラグ」（日本テレビ）、ドラマ「Dr.チョコレート」（日本テレビ）など。現在は、「ZIP!」（日本テレビ）内コーナー「キテルネ!」にレギュラー出演中。また、2024年2月上演の舞台「欲望という名の電車」に出演が決定している。

町おこしのために奔走

由香やあゆみとは同校出身で、観光課では地域の活性化を担う。ジョー（森崎ウィン）が提案した、町おこしのタップダンスイベントの成功に向けて尽力。中途半端な気持ちで女将を目指す由香に対して厳しくあたってしまうが、かげながら応援し、心配している。

元キャバクラ嬢

星野麻衣

中村静香

Shizuka Nakamura

なかむら しずか◎1988年9月9日生まれ。京都府出身。テレビ『法医学教室の事件ファイル』(テレビ朝日)、『緊急取調室』(テレビ朝日)、『怪盗 山猫』(日本テレビ)など女優としてさまざまな作品に出演。またバラエティや舞台などでも幅広く活躍している。

女将目指す元キャバクラ嬢

常にお店のナンバーワンに君臨していた元キャバクラ嬢。キャバクラ嬢がお客様をおもてなすという考え方と、旅館の女将の接客に対する考え方は通ずるものがあると知り、女将になることを目指して女将ゼミナールに通う。タップダンスメンバーの一員として、参加。

若女将

カトリーヌ

八木アリサ

Yagi Arisa

やぎ ありさ◎北海道出身。2011年から雑誌『ViVi」』の専属モデルを10年務め2021年に卒業。現在は『『weet』、『ar』、『VoCE』などのモデルを務める。女優としては2014年公開の『好きっていいなよ』で映画デビューを果たし、着実にキャリアを重ねている。

日本大好きフランス人

日本の伝統文化に興味を持つフランス人。旅館の御曹司と結婚し、女将になることを夢見て女将ゼミナールに通い始める。しかし、夫の旅館の女将からは、女将になる資格はないと告げられている。由香たちと同様に、タップダンスメンバーの一員。

若女将

秋山美希

奈月セナ

Sena Natsuki

なつき せな◎岐阜県出身。2016年度ミスインターナショナルファイナリストに選出。2018年5月31日発売のイメージDVD「今、ココから…」でグラビアデビュー。テレビ出演に、2020年テレビ東京『作家刑事毒島真理』、2021年日本テレビ『ダウンタウンDX』など。映画出演に2020年『大きい女の子は好きですか？』、2021年『ヘルドッグス』。雑誌「週刊プレイボーイ」「FRIDAY」「FLASH」などのグラビアにも出演。

若女将

七尾桜子

小野木里奈

Rina Onogi

おのぎ りな◎東京都出身。2009年に芸能活動をスタート、女優として映画2014年『リュウグウノツカイ』、2020年『東京バタフライ』、2022年『レッドシューズ』、ドラマ『3年B組金八先生ファイナル～「最後の贈る言葉」4時間SP』『図書館戦争 ブック・オブ・メモリーズ』など活動する一方で、ボクシングのプロライセンス、バイクの大型自動二輪車免許を持つ。「MOTORISE」（BS11）レギュラーレポーター、「格闘技チャンネル」(AbemaTV)で解説など各ジャンルでレギュラーや連載を持ち多岐に活躍中。

若女将

輪島梅子

水島麻理奈

Marina Mizushima

みずしま まりな◎岡山県出身。近年ではドラマ「SUPER RICH」(フジテレビ)、「生徒が人生をやり直せる学校」(日本テレビ)、「王様戦隊キングオージャー」(テレビ朝日)など。他に、映画「科捜研の女 ー劇場版ー」、舞台「SHELL」、ミュージカル『元彼鎮魂歌』など、映画や舞台などでも様々な役に挑戦している。

女将ゼミナール講師

白石朋子

佐藤藍子

Aiko Sato

さとう あいこ◎神奈川県出身。1992年8月、『第6回全日本国民的美少女コンテスト』でグランプリ受賞。1993年ドラマ『ツインズ教師』でデビュー。ドラマ『変[HEN]』『真昼の月』『イタズラなKiss』『総理と呼ばないで』『LOVE&PEACE』、『ナオミ』『ハガネの女 season2』などに出演。連続テレビ小説『ちゅらさん』シリーズや、NHK大河ドラマ『利家とまつ～加賀百万石物語～』『篤姫』、舞台『ロミオとジュリエット』などに出演。2021年よりJRA運営審議委員を務める。

観光プランナー

花澤譲治

森崎ウィン

Win Morisaki

もりさき うぃん◎ミャンマー出身。ドラマ『本気のしるし』では釜山国際映画祭2021のASIA CONTENTS AWARDSにて「Best Newcomer-Actor賞」を受賞。2018年スティーヴン・スピルバーグ監督映画『『レディ・プレイヤー1』主演、2020年映画『蜜蜂と遠雷』で第43回日本アカデミー賞新人俳優賞。2020年舞台ミュージカル『ウエスト・サイド・ストーリー』Season2、2021年『ピピン』、2023年には人気コミック『SPY×FAMILIY』が初ミュージカル化、帝国劇場にてW主演をつとめる。2018年より母国ミャンマーで観光大使を務める。2023年4月初の全国ツアー「MORISAKI WIN JAPAN FLIGHT TOUR」を開催。

自信家の観光プランナー

観光プランナーとして、地域の観光促進を担う。若女将たちによるタップダンスでの町おこしイベントを提案し、松村(青木瞭)とともに奔走する。常に自信があり、とてもフレンドリーで親しみやすく、ポジティブで明るい性格だが、どことなく胡散臭い。

ひぐち旅館女将

樋口春美

檀れい

Rei Dan

だん れい◎1992年、宝塚歌劇団に入団。1999年より月組トップ娘役を、2003年からは星組トップ娘役をそれぞれ務める。2005年に退団。2006年、山田洋次監督作品『武士の一分』のヒロイン・三村加世役で鮮烈なスクリーンデビューを果たし、第30回日本アカデミー賞優秀主演女優賞及び新人俳優賞・第44回ゴールデンアロー賞ほか、数々の賞を受賞。

旅館を支える女将の鑑

ひぐち旅館の女将。従業員からの信頼が厚い。タップダンサーを目指して上京した由香とは、しばらく疎遠だった。タップダンサーになることを半ば諦めて、中途半端な気持ちで女将を目指す由香に対し、親として期待することはなくとも、女将として厳しく淡々と助言する。

メイキング制作ノート

メイキング製作ノート

Making

およそ1か月にわたる撮影。
製作スタッフが日々メモしていた
記録を紹介します。

5/28 Sat

撮入祈願！

PCR検査も済ませ、雑賀監督はじめメインスタッフが撮入祈願しました。キャスト&スタッフが滞りなく、事故がないように撮影できるのをしっかりとお祈り……。いよいよ明日から撮影開始です！

5/29 Sun

クランクイン！

俳優部、演出部、撮影部、照明部、制作部をはじめ、皆で頑張って参りましょう!! 雑賀監督、村田プロデューサー、藤田プロデューサー、カメラマンは、2012年の石川県志賀町&金沢市で撮影した映画『リトル・マエストラ』でタッグを組んだメンバーです!

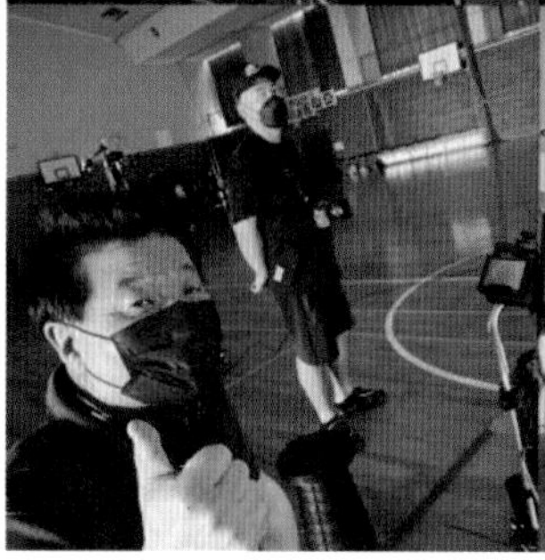

5/30 Mon

撮影2日目!

晴天の柴山潟で、小芝風花さん、青木瞭さんたちの撮影です。

6/1 Wed

小道具も準備も念入りに

本日は映画でも登場する「女将ゼミナール」のポスターを貼ったり、小芝風花さんがタップダンスをするステージの念入りな準備を行いました。

5/31 Tue

旅館での撮影

劇中に登場する旅館「いしざき」は、旅館「すゞや今日楼」様をお借りしています。その他にも、「瑠璃光」「湖畔の宿 森本」「みやびの宿 加賀百万石」「佳水郷」様にもご協力いただいてます。ありがとうございます!

6/2 Thu

美しい景色

山中温泉のあやとりはしをはじめ、加賀温泉郷の自然美に感動。撮影の様子が北陸放送のニュース番組に出ました!!

6/3 Fri ・ 4 Sat

貴重な建物でタップダンス

芸妓検番「花館」をお借りして、タップダンスの練習シーンを撮影しました！花館は大正9年に芸妓の練習の場として建てられた建物です。貴重な建物を撮影場所として提供してくださり、感謝です！

6/5 Sun 金沢へ移動

本日も撮影順調に終了です！今日は加賀市と金沢市の梅ノ橋で撮影でした。梅ノ橋は夜もきれいです。お疲れ様です!!

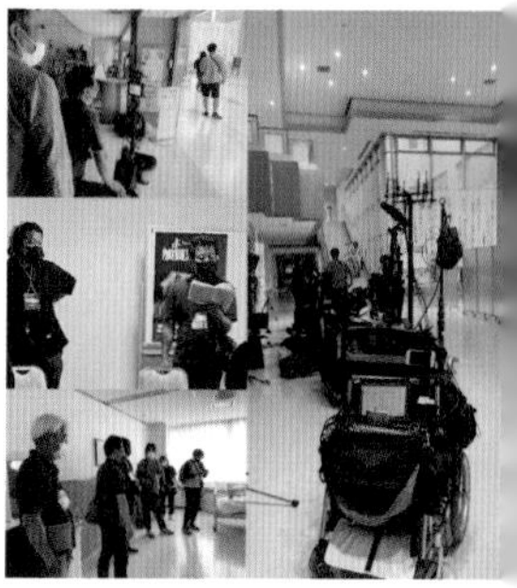

6/6 Mon 特産品がズラリ

本日は「かが交流プラザさくら」で、森崎ウィンさんと青木瞭さんの撮影でした！加賀市の特産品も多く準備していただきました。ありがとうございます！

6/7 Tue

今日は撮休

助監督井木さんのスケジューリングが功を奏して撮影は順調です。休みでもスタッフは明日から週末までのメインイベントに向けて準備しています。エキストラの皆様、よろしくお願い申し上げます!!

6/8 Wed

着物姿に感嘆

本日は片山津温泉「柴山潟・浮御堂」から撮影スタート。週間天気が怪しいので……週末に向けて晴れますように。「湖畔の宿 森本」では檀れいさんと小芝風花さんの親子の会話シーンを撮影しました。檀れいさんは着物姿もとてもお綺麗でした。

6/9 Thu 料理もこだわって

昨日に引き続き、「湖畔の宿 森本」では檀れいさんと小芝風花さんの撮影。旅館の料理は実際の料理人の方に作っていただきました！

6/10 Fri

劇中で見せどころとなる場面

いよいよ多くのエキストラの皆様たちにご協力いただき、大事なシーンを撮影します!

6/11 Sat

加賀友禅とタップダンスの融合

昨夜はにわか雨で撮影終了となりましたが、本日もたくさんのエキストラの皆様方が、北九州や関東からいらしてくださっています。ありがとうございます!
曇り空ですが、水分補給して頑張って参りましょう!!
映画『レディ加賀』で重要なタップダンスシーンを振り付けされ、出演者でもあるHideboH さん。雑賀監督との綿密な打ち合わせで、加賀友禅とタップダンスが融合した新しい世界を構築しています。

6/12 Sun ・ 13 Mon

撮影前半が終了!

本日もたくさんのエキストラの皆様方がいらしてくださいました。とっても暑いので水分補給をしてよろしくお願い申し上げます!! 加賀市長様はじめたくさんの差し入れありがとうございます!! そして、重要な小芝風花さんの幻想的なタップダンスソロのシーン! 撮り切りました!!
先生曰く、小芝風花さんの習熟度は普通の方の10倍のスピードだったそうです。芝居をしながら踊るシーンも抜群の集中力で、夜までの撮影を完走しました。
そして良い画が撮れてます!!……とは、雑賀監督と百束撮影監督。
さぁ、後半戦も頑張って参りましょう!! 俳優部もスタッフも良い仕事をしています! そして、エキストラさんからも差し入れが! ありがとうございます!!

6/14～17
Tue Fri

クランクアップまでラストスパート！

柴山潟湖畔公園で大掛かりなイベントシーンのセットでした。佳水郷様に差し入れをいただきました。控室やロケでお世話になりました。ありがとうございました！そして、檀れいさんや佐藤藍子さんをはじめ、奈月セナさん、小野木里奈さん、水島麻理奈さんらが次々とクランクアップ。加賀市での撮影も無事に終了です！ 山中温泉、山代温泉、片山津温泉の皆様、ありがとうございました!!

6/18 Sat

あと数日でクランクアップ

本日から金沢市での撮影。本日は約300名のエキストラの皆様にご協力いただきました。地元のYOSAKOIチーム日本海組織委員会の選抜チーム「The日本海＆北國新聞」にもエキストラで参加していただき、壮大なスケールでの撮影となりました！

6/20 Mon

オールクランクアップ！

最後は、新幹線のホーム。本当に本当に楽しい撮影でした。
この撮影に参加できたことをとても幸せに感じております。クランクアップしてしまうことが少し寂しい気もしますが、またどこかの現場でお会いできることを楽しみにして。
皆様、本当にありがとうございました! これから編集して参ります。公開までよろしくお願い申し上げます!

6/24 Fri

ロケロスの最近

お世話になった皆様をご紹介します!
メインキャストとスタッフが大変お世話になりました！ みやびの宿加賀百万石様、ありがとうございます!
ほぼ一日中温泉に入れ、撮影監督百束さんは、朝・ロケ後・就寝前と毎日3回通ったそうです。
“眠りの質が全然違って疲れが取れてありがたい！”と多くの声を聞きました。

映画『レディ加賀』公開までの道のり

公開までの1年と約半年……さまざまなプロモーションを展開しました。

2022年4月

制作会見と石川県知事へ表敬訪問

2022年5月末より始まる撮影に向けて、山代温泉の旅館「瑠璃光」で制作会見を開きました。小芝風花さんは会見で「作品を通じて加賀温泉郷、石川県を盛り上げたい」と熱い意気込みを語りました。また、雑賀監督と小芝風花さん、プロデューサーが県庁を訪問し、知事より激励を受けました。

2022年11月

ティザービジュアル公開

2022年11月7日、映画『レディ加賀』のティザービジュアルが解禁されました。このティザービジュアルは宣伝用の画像やポスターに使用され、ポスターはロケ地となった片山津温泉、山代温泉、山中温泉の街なかの他、全国主要都市などでも貼られました。

2023年4月

映画『レディ加賀』完成披露試写会を加賀市で開催

2022年6月に、撮影がクランクアップした映画『レディ加賀』。その後、編集作業に入り、2023年4月18日、完成披露試写会が加賀市文化会館で開催。会場には約180人が集まり、スクリーンに見入りました。舞台あいさつには雑賀監督が登壇し、監督は「石川県を代表する作品として全国に発信したい」と語りました。

2023年9月

国際映画祭にノミネート！

中国福建省で開催された「第10回シルクロード国際映画祭」コンペ部門にノミネート。にぎわいを見せる会場に雑賀監督が登場し、世界中に映画『レディ加賀』をアピールしました。受賞にはいたりませんでしたが、上映後は大きな拍手とスタンディングオベーションが起こりました。

2023年7月

小芝風花さんが登壇

全国障害者芸術・文化祭「いしかわ百万石文化祭2023」を盛り上げようと、100日前プレイベントが7月8日に開催されました。会場では小芝風花さんのトークショーが催され、「映画は県内のいろいろな場所が映っていて、地元の方も楽しんでもらえる」と話しました。

映画『レディ加賀』

ロケ地案内

Location Guide

加賀市や金沢市などのロケ地を紹介。
数々の印象的なシーンが生まれた場所を訪ねて、
映画の世界観を追体験しよう！

加賀市

幼少のころを回想しながら歩いた橋

あやとりはし

華道家の勅使河原宏氏が「鶴仙渓を活ける」というテーマのもとにデザインした、ユニークなS字型の橋。由香とあゆみが、あゆみの兄と遭遇した場面で使用されました。

DATA
㊟加賀市山中温泉河鹿町
あやとりはし

加賀市

あゆみが諸事情を打ち明けた橋

こおろぎ橋

山中温泉の代表的な景勝地に架かる橋。総ヒノキ造りで風雅な佇まい。橋から眺める四季を彩る鶴仙渓は絶景です。あゆみがタップダンスの練習に来なくなるのを心配する由香は、事情を聞くことに。

DATA
㊟加賀市山中温泉下谷町 こおろぎ橋

加賀市

女将ゼミナールで女将のいろはを学ぶ

山代温泉 古《こ》総《そう》湯《ゆ》

明治時代の総湯を復元した温泉施設（詳しくはP64）。古総湯の前に並んだ若女将たちが、女将の心構えや所作を学んだ場所として使用。

DATA
㊟加賀市山代温泉18-128

加賀市

タップダンスを
練習するシーンで使用

芸《げい》妓《ぎ》検《けん》番《ばん》「花館」

大正9年に芸妓の練習の場として建てられた建物です。昭和40年代には、400人近い芸妓たちが出入りしていたといわれています。若女将がタップダンスをする練習場所として使用された。

DATA
㊟加賀市片山津温泉モ2-2

加賀市

由香が
願掛けをした場所

浮《うき》御《み》堂《どう》

柴山潟に浮かび、弁財天と竜神が祀られています。由香と康平、あゆみたちが会話するシーンでたびたび使用されました。

DATA
㊟加賀市片山津温泉乙
浮御堂

加賀市

町おこしイベントが開催された場所

柴山潟湖畔公園

１日に何度も湖面の色が変化し、さまざまな表情で魅了する柴山潟。春には約１６０本の桜が咲き誇り、柴山潟越しの白山を美しく望むことができます。町おこしイベントの会場として使用されました。

DATA
㊟加賀市潮津町1

金沢市

YOSAKOIのシーンで使用された公園

金沢城公園

加賀藩の前田家居城跡につくられた公園。「菱櫓」「五十間長屋」「橋爪門続櫓」は公園のシンボルとして知られ、国の重要文化財に指定されている「石川門」「三十間長屋」「鶴丸倉庫」なども必見です。加賀市の地元YOSAKOIチームの踊りを撮影するために使用。

DATA （住）金沢市丸の内1-1

金沢市

由香が幻想的なタップダンスを披露

梅ノ橋

浅野川大橋の上流側に架かる木造風の橋。夜間はライトアップされるので、ひがし茶屋街で夕食を楽しんだ後に立ち寄ってみるのもおすすめです。由香があゆみや康平たちの前で幻想的なタップダンスを披露しました。

DATA
（住）金沢市東山付近

宿泊できるロケ地 旅館・ホテル

映画『レディ加賀』は、地元旅館による協力のもとで撮影されました。
女将ゼミナールの会場や浴場でのシーン撮影の他、スタッフの宿泊や控え室、着物の着付け場所としても使用。
ロケ地を巡った後に、ゆったりと旅館で癒やされましょう！

01
片山津温泉

アパホテル&リゾート
加賀片山津温泉
佳水郷

「新都市型ホテル」のコンセプトと、温泉旅館の和の雰囲気を融合させた紅殻色のデザインホテル。全室レイクビューで加賀温泉郷随一の眺望を楽しめる他、大浴場では「柴山潟」と白山連峰を望む天然温泉を堪能できます。

DATA ㊟加賀市潮津町イ72-1
0761-74-1200

02
片山津温泉

湖畔の宿 森本

創業約130年の歴史を誇る宿。新鮮で旬な海や山の幸をふんだんに使用した料理、温泉や客室から一面に広がる湖、そして湖に面した露天風呂付パノラマ大浴場からは、湖上噴水と白山連峰の絶景が楽しめます。

DATA ㊟加賀市片山津温泉乙63-1
0761-74-0660

03
山中温泉

微笑みのお宿
すゞや今日楼《こんにちろう》

四季折々の景色が全室から楽しめる宿。新鮮な食材を使った加賀会席と、九谷焼や山中塗の器が楽しめます。また、温泉は山中漆器のお椀をイメージした露天おわんの湯「赤湯」、「黒湯」、飲泉を堪能できます。

DATA ㊟加賀市山中温泉下谷町ニ-340
0761-78-4848

04
山代温泉

みやびの宿
加賀百万石

日本庭園が広がり、純和風の部屋や展望露天風呂付きの部屋など、多彩な客室を揃えている宿。山代温泉にあって数少ない自家源泉を所有し、館内にあるすべての露天風呂付き大浴場にて、源泉掛け流し100%で楽しめます。

DATA ㊟加賀市山代温泉11-2-1
0761-77-0200

05
山代温泉

瑠璃光

山代温泉の源泉にちなんで名づけられた「瑠璃光」。加賀温泉郷の伝統文化に立脚したおもてなしを大切に、上質で心地よいサービスを提供。露天風呂付き客室をはじめさまざまな客室がそろう他、趣さまざまな温泉が楽しめます。

DATA ㊟加賀市山代温泉19-58-1
0761-77-2323(受付時間10:00〜19:00)

石川県へ、いらっしゃい。
ひゃくまんさんです。

映画『レディ加賀』の舞台となった石川県。
2024年3月16日には金沢・敦賀間が新幹線開業となり、
ますますアクセスが便利に！
一度はおいで、石川県。
ひゃくまんさんが
お出迎えします。

石川県観光PRマスコットキャラクター

ひゃくまんさん

「ひゃくまんさん」は、石川県の魅力が凝縮された、石川県の観光PRマスコットキャラクターです。

石川県の郷土玩具であり、縁起物の「加賀八幡起上り」をモチーフに、石川の多彩な文化をギュッと凝縮し、百万石の豪華絢爛さをイメージさせるデザインが施されています。おひげは輪島塗、全身は金箔で、加賀友禅柄の菊やぼたん、色彩には赤・黄・緑・紺青(こんじょう)・紫の九谷五彩を使用しており、全国に誇る石川の伝統工芸の技術が取り入れられています。

さらに、全身には、兼六園のことじ灯籠や白山、能登キリコなど、石川県内の観光資源が描かれています。

ユーミン作曲！ひゃくまんさん小唄

ひゃくまん小唄は、平成27年3月に石川県観光ブランドプロデューサーに就任した、シンガーソングライターの松任谷由実さんが作曲しています。金沢・能登・加賀・白山の観光地や自然景観、伝統文化と新しい感性の融合した魅力溢れる観光PR動画を、ぜひ観てください。

ひゃくまんさん公式HP

- 各種イベントへの出演情報
- 公式グッズ等の紹介
- 出演する動画の紹介

映画レディ加賀に出演！

ひゃくまんさんは映画「レディ加賀」にも出演しています。金沢城公園での撮影では、出演者の方をエキストラの皆さんと　緒に応援しました！ 出演後は子どもたちに囲まれて急遽記念撮影会に。大人気のひゃくまんさんはさまざまなイベントに出演していますので、ぜひ会いに来てね。

近くなる
金沢・小松・
加賀へ！

2024年
3月16日(土)開業

北陸新幹線 金沢⇔敦賀 開業

北陸新幹線で東京駅から直通で
小松駅、加賀温泉駅へ。

W7系

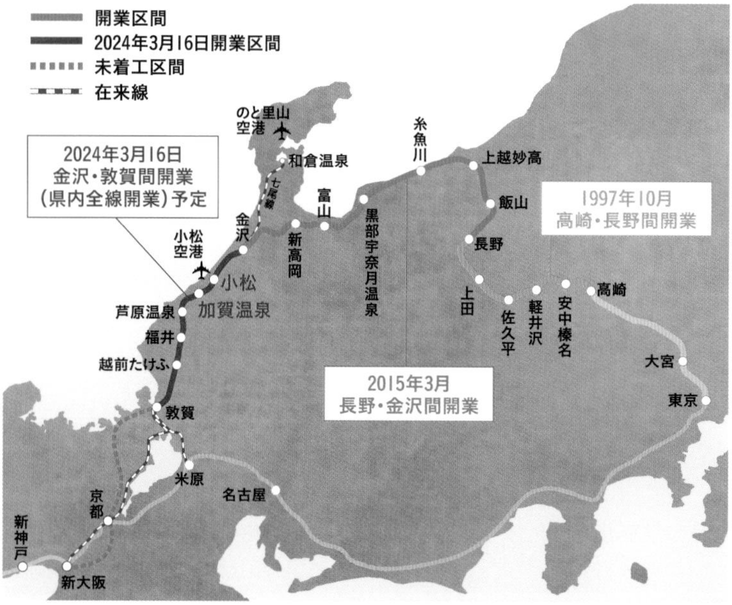

東京・大阪から時間短縮

北陸新幹線は、金沢駅〜敦賀駅間が2024年3月16日に開業し、これにより、石川県内に小松駅・加賀温泉駅の新幹線新駅が開業するとともに、東京や大阪からの所要時間は大幅に短縮されることになります。よりアクセスしやすくなった石川県に、ぜひ一度お越しください！

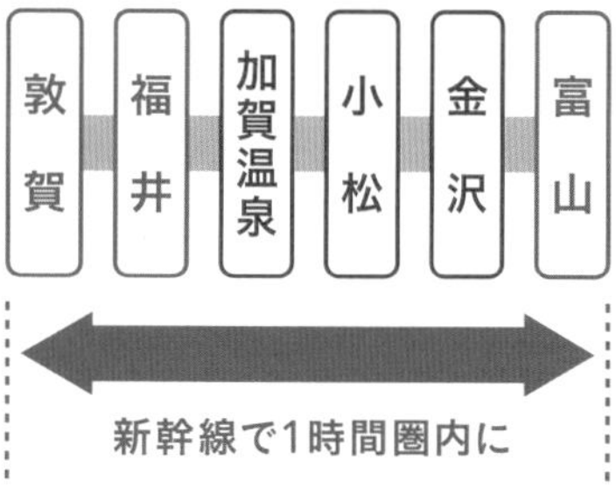

最速達列車の到達時間

	開業前		開業後	短縮時間
東京⇔金沢	2時間25分		—	—
大阪⇔金沢	2時間31分	▶	2時間9分	22分短縮
名古屋⇔金沢	2時間25分	▶	2時間9分	16分短縮

〔小松〕
KOMATSU

未来へつなぐものづくりの町

小松市は、加賀前田家三代利常の隠居地として整備され、以来城下町として発展し、ものづくり文化が繁栄。「石の文化」と「北前船」は文化庁の日本遺産に認定されており、市内には石切場や九谷焼の原料となる花坂陶石の砕石場の他、ミシュラン・グリーンガイド・ジャポンで一つ星の認定を受けた「那谷寺」があります。

JR北陸新幹線「小松駅」

那谷寺(なたでら)

〔加賀〕
KAGA

北陸を代表する古来の3名湯

加賀市は「加賀温泉郷」の愛称で親しまれ、北陸古来の3名湯として名高い「山代温泉」「山中温泉」「片山津温泉」が近辺に点在しています。また、伝統工芸の「九谷焼」や「山中漆器」の産地としても知られる他、日本海の新鮮な海産物、大聖寺藩の城下町など、自然・歴史・伝統が息づいています。

JR北陸新幹線「加賀温泉駅」

山代温泉 古総湯

松任谷由実さんが出演!

新幹線新駅の発車メロディを活用した観光PR動画公開中

新幹線小松・加賀温泉駅の発車メロディは、県観光ブランドプロデューサーの松任谷由実さんに作曲、松任谷正隆さんに編曲いただいたオリジナル曲。南加賀エリアを全国へアピールするため、松任谷由実さんにご出演いただき、発車メロディを活用した観光PR動画を制作しました。

動画では、発車メロディ制作にかけた思いや、那谷寺・木場潟公園のほか、山中・山代・片山津温泉など、南加賀エリアの魅力を松任谷由実さんが紹介。BGMとして、松任谷さんが石川県の情景をもとに作られた、「acacia(アカシア)」「ビュッフェにて」を使用しています。

石川県観光連盟
ほっと石川旅ねっと
YouTube チャンネルで公開中

https://www.youtube.com/user/hotishikawa

山代温泉

山中温泉

片山津温泉

TRIP 加賀

橋立

大聖寺

加賀市を代表する温泉地は、映画でも舞台となった山代温泉、片山津温泉、山中温泉。
異なる3つの温泉地で、一度は訪れたい観光スポットを紹介します！
その他、城下町の大聖寺や全国の食通が足を運ぶ町、橋立もおすすめです。

アイコン説明
☎…お問い合わせ先
㊫…営業時間
㊖…料金
㊡…休日

山代温泉

温泉地の原風景に出会う

歴史と文化を感じる旅情あふれる街並み

自然美と歴史が調和した街並みです。美肌効果のある温泉や風光明媚な景色、明治期の歴史的な建築を楽しめます。また、美食家として知られる北大路魯山人や、文豪の与謝野晶子なども訪れた温泉地として、その歴史に思いを馳せる観光客も多い。

山代温泉 古総湯《こそうゆ》

明治時代の総湯を復元。施設自体だけではなく、入浴方法も当時の雰囲気を味わえます。拭き漆の壁や九谷焼タイル、ステンドグラスなども忠実に再現しています。洗い場はなく湯舟のみで、100%源泉かけ流しは温泉地ならでは。

DATA
☎0761-76-0144
㊫6:00～22:00（3～11月）、7:00～21:00（12～2月）
㊖大人500円ほか
㊡第4水曜日の6:00～12:00

魯山人寓居跡 いろは草庵

福田大観と名乗っていた北大路魯山人が、大正4年の秋から約半年間滞在し、暮らしていた「吉野屋旅館」の別邸。仕事部屋や書斎、囲炉裏の間、茶室、展示室（土蔵）などを一般公開しています。

DATA
☎0761-77-7111　㊫9:00～17:00（入館は30分前まで）
㊖大人560円ほか　㊡水曜日（祝日、12月29日～1月3日を除く）

九谷焼窯跡展示館

国指定史跡・九谷磁器窯跡である吉田屋窯の跡を保存展示している施設。江戸時代に造られた窯の遺跡や現存最古の「登り窯」は見もの。窯元が代々住居兼工房として使っていた古民家で、九谷焼絵付け体験やロクロ体験ができます。

DATA
☎0761-77-0020　㊫9:00～17:00（入館は30分前まで）
㊖大人350円ほか　㊡火曜日（祝日の場合開館）

おすすめ体験 Activity

九谷満月

北陸最大級の九谷焼専門店。九谷焼体験や絵付け、ロクロの体験ができます。

DATA
☎0761-77-2121
㊫8:00～17:00　㊡なし

DATA
☎0761-76-0008
㊫9:00～17:00　㊡不定

九谷焼窯元 須田菁華《すだせいか》

初代・須田菁華が1891年に築いた九谷焼の名窯。大正4年（1915）には、菁華窯を訪れた北大路魯山人が初めて陶芸に触れ開眼していることで有名です。現在、4代目が初代の頃と変わらない手仕事でのものづくりを大事にしています。

片山津温泉

湖畔のくつろぎ温泉地

白山連峰を望む 悠然とした景色

柴山潟の湖畔にある温泉地で、白山連峰を望む景色は多くの人を魅了しています。温泉のほかに、歴史ある建物『芸妓検番「花館」』をはじめとする伝統文化や科学体験、史跡散策を楽しめます。またカヤックなど、湖畔ならではのアクティビティも充実。

片山津温泉 総湯《そうゆ》

世界的建築家の谷口吉生氏の設計で、湖畔を見渡せる開放感が特長の温泉施設。毎日、男女入れ替え制の2つの湯が楽しめます。また、2階には四季折々の景観を満喫できる見晴らし抜群のカフェを併設。

DATA
☎0761-74-0550 (営)6:00～22:00 (料)大人490円
(料)なし（メンテナンスなどによる臨時休業の場合あり）

一心絵馬

縁結びの絵馬「一心絵馬」は、切り抜かれた絵馬にはまるハート形を探し出す楽しさがあります。

愛染寺《あいぜんじ》

片山津温泉の守護寺。縁結びの仏「愛染明王」を祀り、縁結び寺としても有名です。大きなハート形の山門をくぐると「どこでも幸せドア」、愛染明王と幸せを招く鐘など、SNS映えするモニュメントが楽しめます。

DATA
☎0761-74-0169 (営)6:30～17:00
(料)無料（はめこみ式「一心絵馬」1000円）
(休)なし

中谷宇吉郎 雪の科学館

中谷宇吉郎は、人工的な雪の結晶を世界で初めて作り出した科学者。その偉業を記念して建てられた雪の科学館では、ダイヤモンドダスト実験や顕微鏡での雪の結晶観察のほか、氷のペンダント作りなどの体験ができます。

DATA
☎0761-75-3323 (営)9:00～17:00（入館は30分前まで）
(料)大人560円ほか (休)水曜日（祝日の場合は開館、年末年始は要問合せ）

首洗池《くびあらいいけ》

1183(寿永2年)、平家軍と木曽義仲の軍が戦った源平の古戦場にある小さな池。義仲の幼少の頃の命の恩人である斎藤実盛の首を洗った池で、実盛の首を抱えて涙した義仲の像が池のほとりに佇んでいます。

DATA (住)加賀市柴山町63-69

おすすめ体験 Activity

晶子染め

片山津柴山潟の湖底土と片山津温泉の源泉を使った泥染め。芸妓検番「花館」で体験が可能です。

DATA ☎0761-74-7778 (営)10:00～15:00（土・日曜、祝日は事前要予約）※予約優先 (料)ハンカチ1000円、スカーフ2000円 ※素材はすべてシルク

カヤックとサップで非日常体験

1日に7回も色を変え、さまざまな表情を見せる柴山潟。そんな柴山潟では、ゆったりとした時間の中でカヤックやサップを楽しむことができます。インストラクターによる指導があるので、安心して安全に非日常を体験できます。

▶インフォメーション
カヤックコース、サップコース、カヤック&サップコースの3コースが選べます。
※いずれのコースも子どもは保護者との二人乗りに限ります。

▶全コース共通 (受付場所)湯の元公園 Shibayama Slow
(予約)予約サイトまたはインスタグラム@shibayama_slowのDMまで ☎090-4707-9890

山中温泉

1300年の歴史を持つ温泉地

芭蕉が愛した温泉地
ぶらり街歩きでほっこり

山間に佇む自然豊かな温泉地。俳人・松尾芭蕉が絶賛した温泉地としても有名です。長い歴史を感じさせる情緒ある街並みは、工芸品を扱うギャラリーなども軒を連ね、のんびりと温泉街をそぞろ歩くのもおすすめです。

山中温泉 菊の湯

松尾芭蕉が詠んだ句から「菊の湯」と名付けられ、また、日本三大名湯のひとつです。温泉街の中心に位置し、地元の人も多く通う共同湯。女湯、男湯いずれも天平造りの外観が特徴的で、目の前には足湯も設置されています。

DATA
☎0761-78-4026
㊢6:45～22:30
㊕大人490円ほか
㊡第2・4火曜日（祝日の場合翌日、メンテナンスなどにより臨時休業の場合あり）

山中座

山中温泉の中心地にある総湯「菊の湯女湯」と併設された館です。山中芸妓による郷土芸能「山中節」を中心とした「山中節四季の舞」が楽しめます。漆塗りの柱や格子風の壁、蒔絵を施した格天井など格調高い佇まいが魅力。

DATA
☎0761-78-5523　㊢8:30～22:00（第2・4火曜日は8:30～17:30）　㊕大人700円（「山中節四季の舞」鑑賞料金）※施設内は見学無料

鶴《かく》仙《せん》渓《けい》

温泉街に沿って流れる渓谷。約1.3キロメートルの遊歩道（所要時間約40分）があり、春は桜、夏は新緑など四季折々の美しい光景を楽しみながら散策できます。また、総ヒノキ造りの橋やモダンな橋など、趣のある橋めぐりもおすすめです。

ゆげ街道

菊の湯から、こおろぎ橋付近まで続く約600メートルの目抜き通りです。カフェや食事処をはじめ、ギャラリーなど魅力的な店が軒を連ねます。電柱がなく、抜け感のある景色とあわせて散策に最適です。

山中温泉アイスストリート

「美肌の湯」ともいわれ、整腸効果が期待できる硫酸塩泉の源泉をベースにつくる「菊の湯アイスキャンディー」をはじめ、山中温泉地でしか味うことができない、約50種の個性あふれるオリジナルアイスが楽しめます。

詳細HP

大聖寺

藩祖前田利治の城下町

日本の伝統と美を感じさせる街並み

加賀藩の支藩大聖寺藩の城下町として栄えた町です。230年以上の歴史を持ち、「山の下寺院群」と呼ばれる場所には、全昌寺や実性院など7寺院、1神社が並びます。また、九谷焼発祥の地として知られています。

実性院《じっしょういん》

通称「萩の寺」として親しまれている加賀曹洞宗の寺院です。四季折々に咲く花の美しい景色と、書院には狩野派の屏風絵、御霊堂には襖絵、格調ある風情と禅寺の質実な佇まいが見どころです。

DATA
☎0761-72-1104 (営)9:00〜16:00
(住)加賀市大聖寺下屋敷町29
(料)大人400円ほか

＼ 大聖寺十万石の歴史 ／

1639年、前田利治の入封により大聖寺藩が成立。石高は創藩当初7万石でしたが、1821年、高直しにより10万石となり、大聖寺は10万石の城下町として九谷焼の創始に続く吉田屋の再興九谷焼・大聖寺絹・北前船等で発展しました。

全昌寺《ぜんしょうじ》

松尾芭蕉が「奥の細道」途中で立ち寄り、句を残した寺。境内には芭蕉の句碑が建てられています。また、別棟羅漢堂には517体全てがそろう五百羅漢像が所蔵されており、自分の顔と似た羅漢像があるといわれています。

DATA
☎0761-72-1164 (営)9:00〜17:00
(料)一般500円 (休)なし

石川県九谷焼美術館

開放感あふれる空間と、「色絵五彩手」「青手」「赤絵金襴手」の3つの色絵磁器の美しさを引き出す展示が魅力。併設している『茶房古九谷焼』では、オリジナルの器や加賀の現代作家の器を使っており、器と日本茶や中国茶を楽しめます。

DATA
☎0761-72-7466 (営)9:00〜17:00(入館は30分前まで)
(料)大人560円ほか (休)月曜日(祝日は開館)

橋立

北前船で栄華を誇った町

日本海の絶品をもたらす港町

江戸時代後期から明治期にかけて、北前船の寄港地として栄えた港町。今もなお、ズワイガニのほか多くの海の幸が水揚げされ、全国から食通が足を運びます。また、当時の面影を感じさせる赤瓦の屋根と石垣が特徴の船主邸も見どころです。

橋立船主集落

ひなびた町並みに溶け合う赤瓦の屋根と、日本海から吹き抜ける潮風から家を守る船板、石垣が特徴の船主邸。当時、瓦屋根は富の象徴で、武家屋敷のような派手さはありませんが、北前船での栄華を物語っています。

橋立水揚げの海の幸

石川県の南端に位置する橋立港は、県内でも有数の漁場です。ズワイガニや甘エビなど、四季を通して数白種の魚介類が水揚げされます。磯料理店や海産物の店も多く点在し、新鮮な海の幸グルメを求めて、全国から多くの人でにぎわいます。

お土産

Sourvnir

娘娘《にゃあにゃあ》万《まん》頭《じゅう》

明治創業の「山中石川屋」が考案した、加賀を代表する銘菓。加賀の言葉で「娘さん」が由来となっている饅頭です。黒糖と地産味噌のほのかな香りがほどよく調和し、口あたりもまろやかに甘さを抑えた味わいが特徴。

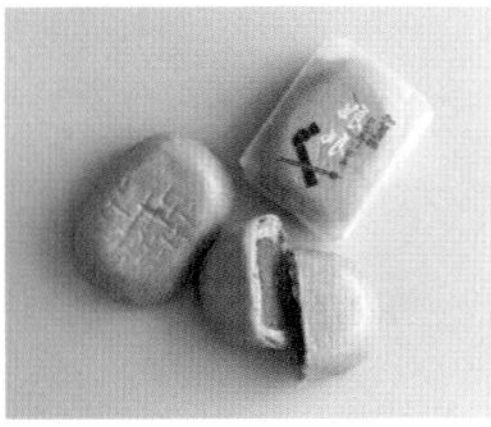

DATA
山中石川屋　✆0120-080-218
㊟【本店】加賀市山中温泉本町2丁目ナ24　㊢8:00～17:00
㊡水曜日、元旦

加賀市の地酒

石川県は、寒冷な気候、白山水系の弱軟水と酒造りに適した環境に恵まれています。伝統を引き継ぎながら、それぞれの杜氏、蔵元が工夫により幅広い味わいが楽しめます。

かがの湯ぷりん

加賀市最大の養鶏場「平岡養鶏場」の遺伝子組み換えなどがない安全な卵と、加賀市にある平松牧場の低温殺菌牛乳を使用。安全安心でおいしい素材を活かした、プリンです。

DATA ㊟加賀市小菅波町1-55　✆0761-76-5001
㊢10:00～16:00(品切れ次第閉店)　㊡火曜日

献上加賀棒茶

昭和天皇に献上した棒茶。澄みきった琥珀色で、一番摘みの良質な茎を芯から浅く焙じてうま味を引き出すのが特徴です。

山代温泉コスメ

女将発案のコスメシリーズ。肌に滑らかな潤いとハリを与える美肌泉質を含む山代温泉。、その温泉水を配合したコスメは、毎日使い続けることにより、肌に潤いとハリを与え、キメを整え、健やかに保ちます。コスメの種類は、ミスト化粧水、マスク、ハンドクリーム、石けんがそろいます。

九谷焼

きらびやかなイメージのある九谷焼ですが、豆皿や箸置きなど種類も柄も多彩。デザイナーとのコラボ作品もあり、モダンでかわいい日用品としても人気があります。

山中漆器

安土桃山時代から継承されてきた職人技が光る器。その技術を生かしつつ時代に合わせて工夫し、地元の人にも日用品として愛されます。

ご当地グルメ

Local gourmet

加賀パフェ

加賀市のおもてなし喫茶メニュー（3時のおやつ）として誕生した地産地消5層パフェ。2種類のアイスクリーム（ブロッコリーアイス・カボチャアイス）や温泉卵、ポン菓子、加賀九谷野菜など、地場産食材を使用しています。

加賀パフェが食べらるお店

加賀カニごはん食べらるお店

加賀カニごはん

貴重な香箱ガニ（雌のズワイガニ）を一杯（一匹）使い、加えて加賀市ならではの旬の野菜や魚を使った小鉢五品、味噌汁、献上加賀棒茶が付きます。器には山中漆器（お盆・汁茶碗）と九谷焼（小鉢皿一式・加賀棒茶敷き皿）を使用し、目で楽しみ、舌で味わう上品な膳です。

伝統工芸品

Traditional craft

山中漆器

山中漆器は、安土桃山時代から続く伝統工芸品。自然の木目と優雅な蒔絵の美しさが特長です。また、木地に漆を染み込ませて仕上げる摺り漆（拭き漆）という職人技が、木目を際立たせ、使い込むほどに味わい深い器となります。

九谷焼

石川県無形文化財に指定されている九谷焼は、日本を代表する色絵陶磁器で、その魅力は絵柄にあります。赤、黄、緑、紫、紺青の、五彩手(通称九谷五彩)という色彩効果と優美な絵模様は、見る人を魅了します。

加賀ぶどう

加賀海岸沿い近くの丘陵地帯などで栽培され、高台全体に降り注ぐ太陽の恵みと海風が箔ぶミネラルを受け育つ「加賀ぶどう」は、農家それぞれの工夫により、幅広い種類が味わえます。ぶどう狩りも人気。

加賀梨

梨の名産地としても名高い石川県。「加賀梨」は、糖度を高める恵まれた環境で育ち、甘くてみずみずしく、シャリシャリとした食感が特長です。贈答品として贈る方も多く、地元や県外の人にも人気を博しています。

片山津温泉 納涼花火まつり

片山津温泉の夏の風物詩。花火は、8月の連日連夜打ちあがり、特に「湯の元公園」から「浮御堂」に出て眺める花火は絶景です。

片山津温泉 湯のまつり

8月下旬の土・日曜日の2日間で開催される。片山津温泉開湯を記念する祭り。子供獅子舞、源平勝負みこし、市民と温泉客が一体となった輪踊りは圧巻。

祭り

Festival

山代大《だい》田《でん》楽《がく》

7月下旬から8月上旬で開催される祭り。平安時代から室町時代にかけて国内で流行し、姿を消した「田楽」。八世野村万蔵(1959-2004)により、学術研究者、音楽家、舞踊家と共に「田楽」を今日的に再生し、今もなお続く伝統芸能です。華やかな衣装に身をまとった人たちによる躍動感あふれる踊りと、響き渡る笛の音と松明の炎による演出が観る人を魅了します。

山中温泉 こいこい祭《まつり》

9月下旬の2日間で開催される山中温泉最大のイベント。温泉客を「来い、来い」と呼びかけ、飛び入りで踊りの輪に参加してもらう祭り。若衆みこし、おわんみこし、大獅子の巡行などの催し物も開催される。

「Lady Kaga」とは何なのか？

「加賀温泉郷の女たち」をテーマに、
現地で働く女性たちで結成されたグループ「Lady Kaga」。
数々のメディアで取り上げられ、瞬く間に話題となる。
結成から13年……。
Lady Kagaとは、いったい何なのか？
そして、彼女たちは今もなお活動しているのだろうか？
Lady Kaga現象を語るうえでは欠かせないキーパーソン3人に集まってもらった。

撮影：福角智江／取材・文：浅井ゆかり

甘池英子 Eiko Amaike

旅館『瑠璃光』の女将代理として29年間勤務。レディー・カガ代表メンバーの一人として、各地でのPR活動や学校での出前授業などを行う。

森本由紀 Yuki Morimoto

山代温泉に位置する『割烹もりもと』二代目女将。加賀生まれ加賀育ちの生粋の地元っ子。和やかな笑顔が魅力のチームのムードメーカー。

遠藤美咲 Misaki Endo

片山津温泉『湖畔の宿 森本』常務取締役、ダイニングバー『片山津バル 牡丹』オーナー。代表取締役を務める実兄と共に宿を切り盛りする。

加賀温泉郷PRを目的に発足
石川県の顔となるチームへ

——「レディー・カガ」発足の経緯と、これまでの活動を教えてください。

甘池——旅館組合の青年部が、加賀温泉郷PRのためにプロモーション動画やポスター制作をしたことが、「レディー・カガ」誕生のきっかけです。当初はチームとしての概念はなく、「こういうプロジェクトがあるから、加賀で働く女性に集まってほしい」と声をかけられ、撮影に向かいました。森本さんや遠藤さんとも、そこで仲良くなったんです。

森本――私は普段活動しているボランティア団体の仲間から、撮影の話を聞きました。その時はすでに「レディー・カガ」のネーミングが決まっていて、面白そうだなと思って。撮影した動画は1週間程度で40万回ほど再生され、すぐにあちこちのメディアから引っ張りだこになりました。

甘池――数年後に北陸新幹線の開業を見据えていたこともあり、石川県知事へ表敬訪問や、関東圏でのプロモーションイベントにも参加しました。一気に多忙になりました。

森本――企業のパーティーでゲストに呼ばれたりもしました。一番印象深かったのは『NHKのど自慢』に参加したこと。その後「あの『レディー・カガ』がのど自慢で歌声を披露！」と、NHKニュースで取り上げられたのは本当にびっくりしました。

甘池――海外を訪れたことも、とても貴重な経験になりました。イベントでは「着物を着てきてください」とよく言われるのですが、親日家の多い台湾ではまるでスター扱いでした。着物の効果がすごくて、皆さん写真を撮られるんです。タイの人にスピーチをした時は、事前にタイ語を学んでお話ししたのでとても緊張しました。

遠藤――私は兄と一緒に旅館を切り盛りしているため、そちらが忙しくて表立った活動はできなかったのですが、皆さんが頑張っている様子を見て励まされたし、元気をもらえました。うちの旅館は片山津温泉にあるのですが、山代温泉や山中温泉のお話を色々と聞く機会も増えたので、レディー・カガに所属していて良かったなと思います。

森本――この活動を通じて、横のつながりが作れたのは大きかったですね。

甘池――最初は加賀温泉郷のプロモーション活動が目的だったのですが、そのうち石川県全体をPRする機会が増えていって。あらためて地元の歴史や観光名所について学び直すことができました。新幹線開業前までは県外でのPRが多く、開業後は駅でお客様をお迎えするといった、地域に根差す活動をメインにしていました。

森本――最初の動画が加賀温泉駅で撮影したもので、レディー・カガのメンバー約100人が笑顔でお客様をお迎えするという内容でした。手を振ったりお辞儀をしたり自然体な感じで。それが好評を博したので、レディー・カガを目当てに来てくれるお客様がすごく増えましたね。

甘池――旅館のチェックイン時に「今日はレディー・カガの方はいらっしゃいますか？」と尋ねられることも多かったため、フロントにはいつも名刺を置いておくようにしました。

遠藤――私たち自身もうれしかったのですが、「今日もファンの方が来られましたよ」と、スタッフの皆さんが喜んでいて。もっともっと心を込めた接客でおもてなししようと、仕事へのさらなるモチベーションにつながりました。

Lady Kaga
レディー・カガ

“おもてなしの心”がコンセプト

旅館の女将や飲食店スタッフ、芸妓、雑貨店店主、呉服店オーナーなど、“おもてなしの心”を持つ加賀で働く女性約100名で構成。プロモーション動画やPRポスターに登場し、品格漂う笑顔と温かみ溢れる佇まいで話題をさらった。地域イベントへの参加や講演会活動、司会業など多方面で活躍する。

苦境に立たされたコロナ禍 映画公開で再び盛り上がりを

——本業との両立は大変だったのではないでしょうか。また、現在の活動状況はいかがでしょうか。

甘池——イベントはどうしても週末や祝日に開催されることが多いため、忙しい時の旅館を空けることに対する心苦しさや不安はありましたね。けれど、残っているスタッフがとても頑張ってくれて。加賀温泉郷を盛り上げるレディー・カガというチームを皆が理解してくれていたので、活動に全力を注ぐことができました。チームに所属していなくても、PRやおもてなし活動を陰でサポートしたいという人も多くいたので、加賀市の皆がレディー・カガなのだと思ってきました。

森本——町全体で盛り上げていこうという空気は醸成されていたのですが、メンバーの結婚や転職など色々な変化もあり、活動はそのうち少しずつ落ち着きを見せていきました。そして、新型コロナウイルス感染症の蔓延。これが決定打となり、レディー・カガの活動は完全に停滞しました。

甘池——常識が非常識になったコロナ禍は、私たちがこれまで当然のように考えていたおもてなしが一切できなくなってしまって。本業が苦境に立たされて、その立て直しに苦心しました。

遠藤——どのようにしたら、お客様がこれまで通りと変わらず安心して宿泊できるか……。寝ても覚めてもそればかりを考えていました。お部屋に入ってお茶出しをすること、お客様のお荷物をお持ちすることなど、コロナ禍にあって人により敬遠されてしまうその行動を、どこまでおもてなしとして考えていいのか、正解がない中で手探りする感じでした。「おこもりプラン」など、コロナ禍に即した宿泊プランを考えるなど、試行錯誤の日々でした。

森本——うちのお店からいくつかの旅館さんが見えるんですが、いつ見ても電気がついてなくて真っ暗なんです。その様子を見ていたら涙が出てきて。飲食業も旅館業もそうですが、先が見えないことが一番の恐怖でした。

甘池——もう私たちは誰からも必要とされていないんじゃないか、そんなことも思いましたね。けれど、そんな時に常連のお客様から「落ち着いたらまた絶対に泊まりに行くから」「今は苦しいだろうけど頑張ってね」とメールや電話をいただくんです。本当にうれしかったし、ものすごく励まされました。コロナが五類になったあたりで、やっと今までの旅館業を行うことができるようになりました。今は、お客様が以前のようにゆったりした気持ちで泊まりに来てくれるようになったのを実感しています。

——レディー・カガ着想の映画が製作されると聞いた時や、作品をご覧になった感想を聞かせてください。

甘池——映画が作られると知ったのは結構前だったんですが、その後、コロナで撮影が延期されたと聞いて。どうなったんだろうと不安に思っていたところに再開の知らせが飛び込み、とてもうれしく思いました。

森本——エキストラ募集の告知とかも出てたので、街の皆が盛り上がった感じです。「レディー・カガのメンバーも出演するの？」とお客様に聞かれたりもしました。仲間内でも「タップダンス習っておく？」なんて冗談言い合ったりして（笑）。会話の中に映画の話題がよくあがり、ずっとワクワクしっぱなしでした。

遠藤――うちの旅館はロケ地でもあったので、撮影の様子を見せていただきました。俳優さんたちのオーラがすごかったです！　そして、お客様のお出迎えの様子や料理を出す時の慌ただしい雰囲気を、映画の中で再現してくださって。撮影前に普段の仕事内容を丁寧にヒアリングしていただき、旅館業の裏側を作中で見せてくださったことが本当にうれしかったです。

甘池――私は映画の中に登場する、定期的に宿泊に来られるご夫婦のエピソードが印象的でした。普段、お仕事の中でさまざまなお客様に接しますが、例えばご病気をされていて「最後の家族旅行に」とお見えになる方など、一人一人に背景やドラマがあるんです。私たちは、そのことを言葉にせずとも察し、私たちにできる最高のおもてなしでお迎えし、お見送りすることが使命だと考えています。そして、そんな私たちの気持ちがお客様に伝わった時、なんともいえない充実感や喜びを感じます。映画を観ながら、29年間の出来事が色々とよみがえってきました。

森本――笑いあり、涙あり、本当に素晴らしい作品だと思います。個人的には大学生と高校生の子を持つ母なので、旅館業の跡継ぎ問題といった部分にもうなずく部分がありましたね。

遠藤――それから、加賀温泉郷の観光名所がまんべんなく取り入れられていることにも感激しました。とても美しく街の雰囲気を撮影されていたので、すごくうれしかったです。

――映画公開によせての期待や、レディー・カガの今後のビジョンは？

甘池――まずはこの映画を機に、若い子たちがレディー・カガの活動に関心を寄せ「PRに携わりたい」「一緒に情報発信をしていきたい」と思ってくれたらいいですね。一人でも二人でも、若いエネルギッシュなメンバーが加入してくれるとうれしいです。私たちがピークで活動していた時、まだ小学生くらいだった子たちが今は20代。レディー・カガをよく知らない人も多いと思うので、そういう人たちにアプローチしていきたいですね。そして、映画ではうちの旅館の制服が客室係の制服として用いられたり、浴室で撮影が行われたりと、作品に色々と関わらせていただきました。映画公開後に旅館を訪れるお客様と「あのシーンはここなんですよ」と話をしたり、そういうことができるのもすごく楽しみです。まだ映画を観ていないスタッフにも、ぜひ観てほしいと思っています。

森本――レディー・カガのメンバーに若い人が入ってほしいというのは、皆でずっと言ってきました。私たちはチーム活動をきっかけにスマートホンを持つようになったような世代ですが、今の若い子たちはデジタルネイティブ。そういった子たちの力を借りて、これまでにないSNSの活用をしていくのも、きっと楽しいと思います。

遠藤――映画の公開は、うれしいことに北陸新幹線が加賀温泉駅まで延伸するのと同じタイミングです。映画を観た方たちが、加賀温泉郷の良さを知って足をのばしてくれたらと思います。同時に、レディー・カガのメンバーも増えて、今までにないようなことが色々とできたらいいなとも考えています。もちろん旅館では、映画公開に乗っかったコラボ宿泊プランなども計画中です（笑）。新しいアイデアがわいて、可能性が広がっていきそうなのは、まさにこの映画のおかげ。町全体がこの映画で盛り上がり、さまざまな場所で賑わいやワクワクが生まれることを心から願っています。

映画に
華やかな演出

加賀友禅

俳優の演技に華を添えた着物「加賀友禅」。
着物や着付けの監修をした
「小粋なきもの倶楽部」メンバーに撮影秘話や
着物のセレクトエピソードなどを聞いた。

撮影：福角智江／取材・文：浅井ゆかり

小粋なきもの倶楽部

着物愛好者が集まって発足した『小粋なきもの倶楽部』。私たちは、着物を通じてさまざまな活動で社会貢献いたします。

代表
鶴賀雄子さん

つるが・ゆうこ／着物を通じての観光振興や文化交流などを行う。地域イベントに積極的に参加、ファッションショーでのモデルの着付け等、活動は多岐にわたる。会員は100名以上、うち21名が理事を務め着物文化の素晴らしさを広く発信する。

華麗な着物で作品を格上げ 『小粋なきもの倶楽部』

着物×タップダンスという、和と洋の融合が魅力となる本作。製作にあたり、「着物でタップダンスを踊れるか」という問題がクリアできるか、その検証からスタートした。映画『座頭市』のタップシーンの振り付けや総合演出を手掛けたタップダンスの第一人者・火口秀幸氏を迎えて精査し、可能であると判断。しかし、着物の裾がはだけ、足があらわになるという新たな課題が残った。

この課題解決に乗り出し、着物の提案や貸し出し、着付けなどで活躍したのが、着物を通じた社会貢献活動を行っている『小粋なきもの倶楽部』のメンバーだ。代表の鶴賀雄子さんは、「石川には加賀友禅ほか、牛首紬や能登上布といった素晴らしい着物がたくさんあります。それらの魅力を広く皆様に発信する機会だと考え、ありがたくお手伝いさせていただきました」と話す。

映画に使われた着物や小物類はほとんどが同会の提供によるもので、スタイリストと協働で各俳優への着物選定などを行った。鶴賀さんは「映画の格や俳優さんたちの品位を落としてはならないので、着物も帯も選りすぐっています。また、着物で踊るという課題があったため、少しでも身軽になるよう裏地を付けずに単衣に仕立てたり、袋帯をほどいて半幅に作りかえたりと細かな工夫を凝らしています」と話す。

ダンスシーンに欠かせなかったカラフルな裾除け

当初懸念されていた「足があらわになる」という課題に対しては、見えてもいいような裾除けを独自に作成。プリーツを入れる工夫をしたため足さばきが軽やかになり、朱色や空色などの鮮やかなカラーリングが、女将役を演じる俳優たちのフレッシュな美しさを一層引き立てた。着物の選定については、役柄や演じる場面に合うかどうかに注力。「本来なら顔映りにも気を配るのですが、さすがに俳優さんたちなので、どんな色柄も着こなします」と、鶴賀さんはにっこり。心を込めて選び、丁寧な手入れを施した着物の数々は、場面に華やぎやきらびやかさを添え、着物文化の素晴らしさを届ける役割を十二分に果たした。

「着物は世界のどこへ出しても恥ずかしくない日本が誇るべき民族衣装。俳優さんたちの佇まいや加賀温泉郷の名所も相まって、作中では着物の美しさをより感じられるはずです。映画を通じ、着物の魅力も併せて伝えることができたらと思います」と、今作に期待を寄せた。

「加賀友禅」

石川県金沢市を中心に生産されている手描き友禅染。京都の京友禅、東京の東京友禅と合わせ、「日本三大友禅」とも称される。「加賀五彩」と呼ばれる、藍、黄土、草、古代紫、臙脂を基調とし、独特の「ぼかし」や、あえて病葉を描く「虫喰い」などの表現法で、写実的かつ繊細な模様を引き立てている。

01/小芝 風花さん

エピソード
可憐なキャラクターを際立たせる、淡い色合いでセレクト。若女将たちと並ぶシーンでは、淡黄色の加賀小紋に朱色の帯を合わせ、はつらつさが伝わるコーディネートに。絞りのたすきを用いるなど主人公ならではのひと工夫も。圧巻のラストシーンに使われたのは、色柄ともに華やかな加賀友禅の新作。金糸銀糸を織り込んだ帯で華麗さをプラス。

02/檀 れいさん

エピソード 伝統手機『加藤改石』や『西山産業』の格調高い一枚を随所に。ベテラン女将の風格漂う装いに仕上げた。かんざしなどの小物類は檀さん本人がチョイスしたものも。女将として振る舞うシーンでは凛々しさ際立つ色柄を、母親の表情をのぞかせる場面では優しい色味の着物を着用。

03/佐藤 藍子さん

エピソード
講師、司会など、出演場面の幅が広かった佐藤さんの着物は色柄共に多彩。一年中青さを宿す縁起の良い松柄の着物には、「加賀温泉郷の繁栄を」という願いを込めて。

04/若女将たち

エピソード
実際に働く女将たちにヒアリングを行い、清掃やお客様のお見送りなどの業務に合わせ小紋や紬を使い分けた。色柄は、キャラクターの性格や背景を加味しつつ全体のバランスを見て。八木さん演じるカトリーヌはフランス人設定のためトリコロールカラーで。

【月星製作所】

経営理念「良品は心の誉れ」を軸とし10年先を見据えた「月星イノベーション」を実行中。業界の変革時代に追従しながらも人と環境に優しいグローバル企業を目指す月星製作所。チャプター1では、その変革をもたらした打本渉社長に、月星製作所のあるべき姿を聞いた。チャプター２では、映画『レディ加賀』にエキストラ出演した社員さんにインタビュー。

月星製作所

1947年設立。自動車、バイク用の特殊精密部品を製造。「ユーザーの満足」「会社の成長」「従業員の喜び」「地域の喜び」といった「4つの顧客」に価値提供し続けられる経営を目指す。2022年の売上高は123億23百万円。グループ全体の従業員数は約540名。

CHAPTER 1 INTERVIEW

代表取締役社長

打本渉

うちもと・わたる／加賀市出身。創業者の打本友二氏の孫で、2013年から4代目社長に就任。グループ会社であるツキボシP&Pの社長も兼任。

月星イノベーションの三本柱 地域貢献にも軸足を置いて

――どんな会社でしょうか。

自動車やオートバイの部品づくりを行っている会社で、２０２３年に創業76周年を迎えました。創業者が技術者だったこともあり、オリジナルの加工設備や工程、設計などすべて自社で行っています。トップシェアを誇る部品も多くあります。

――社長に就任後、色々と変革を行ってきたと伺いました。

以前まで弊社はトップが会社を引っ張る体制で、社員もどこか「上の言うことを聞いていればいい」という風潮でした。私自身は、言ってみれば〝普通の人〟。そんな普通の人が会社を良くしていくためには、皆の力を借りて知恵を出し合っていかねばと考えました。自分たちで考え、自分たちの手で会社を変えていかなければ、世の中の変化についていけなくなると思っています。

――変革の核となる「TM（月星未来）2030プロジェクト」とは、どのような内容なのでしょうか。

理想とする会社の実現を2030年に見据え、ハードウエア、ソフトウエア、ヒューマンウエアの三本柱を軸とする改革「月星イノベーション」を展開しています。ハードウエアは最新の生産方式を取り入れた生産棟の整備、ソフトウエアは自由な働き方を推進する環境やシステムの構築、そしてヒューマンウエアは、四画面思考法を共通言語（フレームワーク）とした全員主役の改革実践です。

――どのような変化を感じていますか。

フリーオフィスの導入で、コミュニケーションがより活発に行われるようになりました。他部署の人間とも気さくに話せることで、アイデアやひらめきが生まれています。生産棟の整備においては、物流がスムーズになった他、冷暖房の完備で暑さ寒さから解放され働きやすくなりました。四画面思考法では部門・役職を越えた対話と発信力が活発になったと感じています。

――ヒューマンウエアの一環で「地域貢献にも力を入れる」とあります。

これまでも地域雇用も含め、地域に貢献してきたと自負していますが、意識的に地元に根差した活動は多くありません。社員の多数は地元の人間で、協力会社さんもまた、加賀市や近辺で営まれているところがほとんどです。会社が存続していけるのは、社員や協力会社の皆さんがあってこそ。そんな思いで、もっと地域に貢献できる取り組みを進めていこうと考えました。

――今回の映画製作支援についても、同様の思いからでしょうか。

はい。加賀市を舞台にした映画を撮ると知り、ぜひとも力になりたいとスポンサーに立候補しました。モチーフとなった「レディーカガ」の活躍は知っていましたし、この映画が成功することで、もっと加賀市を知ってもらい、少しでも地元が盛り上がったらと考えています。

――最後に、今後目指す会社のあるべき姿をどのように考えていますか。

「月星製作所って良い会社だよね」と言われるような、そんな100周年を迎えたいです。経営理念にもあるように「良品は心の誉れ」を体現したような、良い会社であり、そこで働く人も素晴らしい、会社と人の想いが一致する真の優良企業を目指しています。

変革1 本社工場オフィス

緑豊かな公園をイメージしたオフィスや、デザイン性に優れたカフェテリアを併設。フリーアドレスや緑化、集中ブースなどを設け、心地よい空間で社員同士のコミュニケーションを促し、創造性や意欲を高めている。

変革2 工場の「整流化」と「見える化」

月星製作所が進めるハードウエア改革の一環で整備された生産棟

日本最大手自動車メーカーと自動車部品メーカーの協力を受け、工場全体の物流のムラをなくし、モノの流れの「整流化」を実現。さらに工場敷地内のレイアウト再編で物流を効率化させた結果、全体の動線を4割減。人とフォークリフト車両の動線を規制する「人車分離」を実施し、製品を積み込む重筋作業も軽減させ、働きやすい工場とした。在庫を抑える「後工程引き取り」を進め、生産工程のシステム管理では進捗状況を「見える化」した。

変革3 社員と地域の喜びづくりを推進

加賀市を舞台にした映画『レディ加賀』の製作においては、スポンサーとしていち早く立候補。地元が盛り上がるきっかけになればと可能な限りの支援を行っている

「月星MOT（技術経営）活動」と銘打ち、知識科学に基づく「四画面思考法」を活用して社員の人間力・技術力を向上。四画面思考法は「現状の姿」「ありたい姿」「なりたい姿」「実践する姿」をイメージすることで、自発的に改革に取り組む人材を育成する。同社では、従業員や加賀市をはじめとする地元も「顧客」ととらえ、地域の喜びづくりも推進。昨今では、社員自らが考案した「スマイルデリバリー」をスタート。会社が費用の一部を負担して地元飲食店から弁当や果物などを仕入れ、社員に割引価格で提供。店舗、社員共に好評を博し地域との絆がより深まった。

エキストラとして映画に参加！地元に根差す活動を会社と共に

――皆さんの役職と、会社の好きなところを教えてください。

苗代――私は製品の検査に携わっています。月星製作所は、社員目線に立った取り組みが多いと思います。私のお気に入りは、健康経営と福利厚生を合わせた朝cafe。朝食を食べながら他部署の人とも仲良くなれたので、また開催してほしいです。

小山――私は営業職で、お客様に向けた営業活動を行っています。会社の好きなところは、ボウリング大会やバーベキューなどの行事が多いところです。

宮崎――現在入社2年目で、社内ＳＥとして勤務しています。社内の働きやすい環境や和気あいあいとした社風が良いところだと感じます。

池端――私は総務課で人事や給与計算の業務に携わっています。月星製作所は色々な場面で休暇が用意されているところがいいですね。今度初めて、お誕生日休暇を取る予定です。

谷口――社内ＳＥとして勤務していて、宮崎さんの指導を担当していました。近年は若い人や女性社員が増えて、様々な活動が活発になってきたことがうれしいです。髪型や髪色、ネイルが自由な点もいいなと思っています。

――会社では地域貢献にも力を入れていると伺いましたが、皆さんもそのことを感じておられるのでしょうか。

谷口――私と宮崎さんは「SDGs」ゲームの資格を持っているので、近隣の小学校へ出前授業に行きました。

宮崎――子どもたちに会社見学をしてもらうこともあります。「SDGs」の取り組みなどについて学んでもらいます。

谷口――コロナ禍で始めた「スマイルデリバリー」も地域貢献活動のひとつです。会社が費用の一部を負担して、地元のお店から弁当や果物を仕入れて割引価格で社員に販売するのですが、お店にも社員にも喜ばれています。

宮崎――果物が安く買えたり、おにぎりやパンの販売もありました。

苗代――クリスマスのオードブル販売も！家族がすごく喜んでくれました。

――今回の映画製作への支援も、地域の賑わい創出を願ってのことだそうです。皆さんはエキストラとして映画に参加されたそうですね！

苗代――加賀市を舞台にした映画が撮影されると知って、どんな内容になるのか楽しみだなと、ワクワクしました。

小山――エキストラなんてなかなかで

Staff's voice

今後は地元グルメの情報なども届けたい!

小山華穂《こやま・かほ》さん

普段見ている景色が映画で使われていて感動!

谷口秋音《たにぐち・あのん》さん

着物の良さや街の美しさをあらためて実感しました。

苗代実乃里《なわしろ・みのり》さん

撮影を機に、温泉街巡りをしたくなりました。

宮崎莉子《みやざき・りこ》さん

加賀温泉郷を全国に発信してもらえてうれしい。

池端ひなた《いけばた・ひなた》さん

きることではないですし、すごく貴重な経験になりました。

宮崎——私はまだ入社1年目の時だったので、会社を通じてこんな体験までさせてもらえるんだと驚きでした。この映画を観た人たちが、これから加賀市に足を運んでくれるんじゃないかって期待しています。

池端——私は地元が山代温泉なので、学生時代から温泉街のPR活動に関わってきました。中学校の修学旅行時には手作りのチラシを配って、山代音頭を披露したり。今回の映画で、加賀温泉郷のことを全国に発信してもらえるのがうれしいです。

谷口——私も地元が山代温泉なので、見慣れていた光景が映画の中で使われていて親近感がわきました。憧れの俳優さんに思い切って話しかけたのですが、優しく返事をしてくれて最高でした!

苗代——撮影で着物を着せてもらい、あらためて着物の良さ、温泉街や加賀市の美しさを実感しました。これから着付けを習ってみたくなりました。

宮崎——普段なかなか着物を着る機会がないし、いっぱい写真も撮りましたね。大学生時は金沢市で暮らしていたので、今回の撮影で加賀温泉郷をじっくり巡ってみたいと思うようになりました。

池端——近くに住んでいても、わざわざ行かなかったりするんですよね。それぞれの温泉街の特徴もちょっとずつ違うし、色々な旅館にゆっくり泊まってみたいなと思っています。

小山——それから、地元ならではのグルメも知ってほしい! お気に入りのコロッケがあるので、そういう地元発の情報を、映画公開を機に届けられるようになるといいですね。

谷口——貴重な経験ができたのも、地域に根差した活動を推進している会社のおかげだと思っています。これからも加賀市が盛り上がる活動を、会社と一緒になって進めていきたいです。

終始和やかにトークを展開。映画撮影時も楽しくエキストラ参加した

撮影:福角智江/取材・文:浅井ゆかり

MAKING.2

MAKING.2では
撮影中のオフショットを掲載。

hummel

よーこそ
加賀温泉へ

KAGA

KAGA

森崎ウィン

憧れい

製作　渚口典子
野儀健太郎
大熊一成
King-Guu
神品信市
伊藤義彦
鶴谷武親
川村英己
細野義朗
川村 岬
稲葉貢一
井辺良祐
小野田和則
長船美和子

プロデューサー　村田 徹
藤田 修

共同プロデューサー　神品信市
川端基夫

アソシエイトプロデューサー　江守 徹
小林昇太郎

ラインプロデューサー　竹森昌弘

脚本　渡辺典子
雑賀俊朗

音楽　田渕夏海

タップダンス指導・振付　HideboH
株式会社firemouth/Higuchi Dance Studio

撮影監督　百束尚浩
照明　岡田和実
録音　横澤匡広
美術　津留啓亮
スタイリスト　眞鍋和子
ヘアメイク　森田杏子
助監督　井木義和
制作担当　石井修之
編集　江橋佑太
VFXコーディネーター　照井一宏(HUMAX CINEMA Inc)
VFXアーティスト　飯山千佳(HUMAX CINEMA Inc)
佐藤 翼(HUMAX CINEMA Inc)
音響効果　柴崎憲治
整音　横澤匡広
監督助手　荻原崇弘
撮影助手　中尾 圭
ドローン　脇内良輔
株式会社コムレイド
照明助手　下出侑征
田嶋瑞穂
増田叶夢
中川恭甫
録音助手　佐藤祐美
美術助手　有元啓太郎
持ち道具　坂部杏奈
持ち道具助手　狩野凪甫
ヘアメイク(憧れい担当)　柳下真弓
ヘアメイク助手　井手麻梨子
スタイリストアシスタント　武田睦美
コスプレ衣装制作　小澤奈月
和装着付　鶴賀雄子(小粋なきもの倶楽部)

小芝風花

松田るか

青木 瞭

中村静香

八木アリサ

奈月セナ　小野木里奈　水島麻理奈

小川善久　小鮒幸子　真田怜臣
松本昇馬　岡田幸治　原 雅　渡辺桜子
市川大希　芳賀美咲　小林穂高　早 咲
村松真人　重岡サトル　上地唯加　中塚 智
椎名賢治　山岸夕莉　志村源一郎　長岡美奈
奈良岡美海　米澤心寧　宮原ひなこ　木下瑠香
多々見友貴　羽生麻衣子　兵藤遥陽(MROアナウンサー)　ひゃくまんさん　宮元 陸

佐藤藍子

篠井英介

岩橋道子

HideboH

kuriko　NON　Yuko
emi　今中美里　sky　中西彩乃

花崎 暖　宮本琉成　隅田志音　中 健悟　工藤真麻

ダビングエンジニア　長田歩未
サウンドエンジニア　小林喬
板橋聖志
長谷川真鷹
佐藤こはる

宣伝　株式会社ギグリーボックス
ブロードメディア株式会社

宣伝統括　鷲谷一
宣伝　福田大輔
梅原もも子
貝塚千恵
予告編制作　越前屋一幾
グラフィックデザイン　吉川俊彰
須藤知華

配給統括　坂上直行
劇場営業　木原佑輔
配給アシスタント　蛭間奏恵

海外セールス　西口美希恵
蕎麦谷卓馬
崔時領
聶雲非

スチール　中山雅文
スギゾー。
メイキング　中川恭甫
タイトルデザイン　武政末希

劇伴音楽プロデューサー　仲安貴彦（株式会社 電通ミュージック・アンド・エンタテインメント）
池田純治（株式会社 電通ミュージック・アンド・エンタテインメント）
劇伴ミキシングエンジニア　金井亮
劇伴音楽制作　水田大介
金棒日菜子
鈴木美和子

主題歌
「バケモン」
眉村ちあき
作詞作曲：眉村ちあき
編曲：眉村ちあき / Numa
TOY'S FACTORY

挿入歌
「Flash back of Childhood」
「Stand-in」
「Rhythm of Deck brush(rehearsal)」
「Rhythm of Deck brush」
「Tap Dance of Japanese Style」
「Yuka's Heart beat」
By RHYTHMACHO（阿部渋一　火口秀幸）
作曲・編曲：阿部渋一
「Rap Tap of KAGA」
「Rap Tap of KAGA」ラップ作詞：HideboH
作曲・編曲：阿部渋一
タップレコーディング&ミックス：RHYTHMACHO（阿部渋一　火口秀幸）

「きまっし加賀」
グッチ裕三
作詞　作曲　編曲：澤近泰輔
日本コロムビア株式会社

音楽制作協力

株式会社トイズファクトリー
株式会社 電通ミュージック・アンド・エンタテインメント
日音

撮影機材協力
SIGMA

録音協力
エコーズ　Y's Sound

美術協力
金沢舞台　株式会社シ・ピ・エル

持ち道具協力
Grossé　BLOOM　HAYNI.
cache cache　UN BILLION S.A.　PERENNE
Rosemont　FUTURE FUNK　GRANDEUR PLUS+
Bouquet LOV-IN　ACE　OSEWAYA
Nikon　mineo　JINS

着付助手　橘外志美
谷口敦子
斉藤厚子
タップダンス振付助手　nana
KENICHI
制作主任　原口翔太
制作進行　馬場祥江
制作デスク　菊池由美子
真下侑子
アシスタントプロデューサー　佐々木理恵
アシスタントプロデューサー補　米本有佐
制作ドライバー　畝田光記
マイクロドライバー　山本清範
中村博和
吉野政雄
撮影応援　水野寛之
演出部応援　山下久義
照明応援　出口直一
新谷修史
音響応援　藤井昌尚
酢野亜津季
ヘアメイク応援　水野みゆき
小堀香澄
茶道協力　岡島宗恵
女将所作指導　森本啓倭子
医療指導　佐々木理恵

YOSAKOIソーラン日本海&北國新聞
樋谷茂樹　新谷二男　中井麻樹　架場博幸　中嶋義則
稲木昌弘　浦美穂　兼政克美　川村織絵　木下恵利香
坂口知賀子　白石珠梨　武部未美　津田一樹　中谷萌瑛
中村真実　中村康聖　橋本友江　林知宏　林瑠菜
深川祐貴　桝田真澄　村上裕美　森和未　森咲香
山中妙子　山中美宙　菊地晶　黒瀬由華　森陽大

泉華菖舞美人
吉田幸栄　竹田麻由美　山田順子　中西咲和子　竹田歩乃夏
吉田未来　竹田梨花　林瑠菜　今前田章人　吉田七海
高橋愛　中山杏香　酒井彰　中村清重　高野雅弘

エキストラのみなさま
宮下彩加　中村茉央　長原葵　石山莉帆　岡本真琴
吉野歌那女　田中茉留　松山恵美　山岸春菜　多幡知佳
水島芽吹　辻綾乃　中村眞理　横川沙織　瀬口薫
酒井愛子　森美佳　本村典子　山内瑞樹　小川加奈江
知家香織　山本愛　吉田沙織　候少麗　杉本杏
杉本心　宮崎満弘　越山文雄　有佐誠　福田征二
前田達信　武林彩花　東野亜美　東出若菜　谷口秋音
宮崎莉子　小山華穂　池端ひなた　下裕翔　大見駿介
苗代実乃里　岡谷美優　奥田杏奈　水野奈々美　上原久恵
笠原美緑　軒端秀幸　稲垣清也　森本美香　前田真吾
前田恵吾　車谷玲香　稲垣英高　藤澤祐希　岡田豊
岡田雪江　山本宗徳　綿谷能成　片岡保　大浦悠生
遠藤美咲　馬場先康之

きもの監修・きものスタイリスト・衣裳提供
金沢市加賀友禅プロモーションマネジャー　鶴賀雄子

着付け応援
佐藤いづみ　山元美千穂　萬谷和世　吉田亜紀
山本潤子　川合あけみ　加茂満衣　西村伊都子
伴登永貢子　武田節子　田柳由香　西野美枝子
橋本真琴　杉本珠美　福嶋千恵　村田恵子
米澤奈那子　愛場由里子　愛場音琉　和田愛子
中道久美　上田美智子　内山佳美

着付け準備協力
吉田節子　山本和子　三谷まり子　西田文代
龍瀧真由美　前川幸子　きものサロン金澤紅屋　水戸敬修
中屋麻衣子　甚や倶楽部　田中郁子　田中百合

エキストラ和装ヘアメイク
おしゃれ和装結marry　金子節子

制作応援
西野肇　木戸光輝　源美佳　泉智也
増田美輪　宮前正彦　道見喜洋　講堂新
講堂康晴　桑原英輔　稲垣清也　藤澤祐希
永川将之　岡田哲也　稲垣英高　渡邉浩隆
堀井数馬　川渕健太　小坂友恵　角谷寿子
山形貴秀　遠藤弘章　北野晃成　中山一
吉永薫　坂本哲也　土居佑香　嶋田充
甲斐田志奈　甲斐田秀吉
加賀市役所職員のみなさん　石川県ボランティアのみなさん　加賀市ボランティアのみなさん

ステージ施工　株式会社コムレイド
劇中ポスター写真提供　坂本哲也

ラボコーディネイター　橋本智大
DIカラーリスト　大坪大介
オンラインエディター　原田莉奈
アシスタント　小池佑太郎
I/Oオペレーター　橋本悠平
サウンドコーディネイター　志田直之

着物衣裳提供

谷口呉服店
NPO法人小粋なきもの倶楽部

レンタル着物加賀結衣	協同組合加賀染振興協会	加賀乃織座牛首紬
加藤手織牛首つむぎ	山崎麻織物工房	加賀繍IMAI

衣装協力

Schöffel	N・K Classic Inc	STILE LATINO
ADRIANO MENEGHETTI	GTA	ROLLING CRADLE
PiPi Gurangle	AULA AILA/コード ナイン	hummel
LOGOS OUTING EQUIPMENT	W・M	プロを輝かせる服。KAZEN
IIII	Two Y	MIDDLA
CHONO Imagine fabrics	MONO × MIDDLA	CHEER

メイク協力

STAR・OF THE COLOR　RICE FORCE　Schwarzkopf PROFESSIONAL

撮影協力

山代温泉旅館協同組合	片山津温泉旅館協同組合	山中温泉旅館協同組合
山代温泉観光協会	片山津温泉観光協会	山中温泉観光協会
山代温泉配湯事業協同組合	片山津まちづくり推進協議会	片山津商工振興会
片山津温泉あすなろ会	加賀山代温泉財産区管理会	山中温泉文化会館
検番花館	割烹加賀	愛染寺
加賀片山津温泉佳水郷	大江戸温泉物語 山代温泉 山下家	みやびの宿加賀百万石
湯快リゾート山代温泉 彩朝楽	星野リゾート 界 加賀	山中温泉 芭蕉の館
加賀市立錦城中学校	加賀市浄化センター	キャンナス加賀山中
株式会社マルエー	セブン-イレブン加賀新保町店	公益社団法人 加賀市シルバー人材センター
藤沢畳工業	おべんとう高野商店	北陸ミサワホーム 株式会社
金沢フィルムコミッション	金沢城公園	金沢観光ボランティアガイド まいどさん
石川ヤナセ 株式会社	藤澤自動車 株式会社	金沢まいもん寿司
介護老人保健施設 加賀のぞみ園	有限会社 本川電工	まえじゅう漆器
一般社団法人ベスト・オブ・ミス	合同会社 加賀温泉	金沢科学技術大学校
株式会社JTBコミュニケーションデザイン	加賀商工会議所	Basement
加賀フルーツランド	株式会社 若岡和奏	株式会社 JTB金沢支店

JR西日本　JR西日本ロケーションサービス

SpecialThanks

瑠璃光　湖畔の宿 森本　すゞや今日楼
萬谷浩幸　森本康敬　須谷嘉貴

制作協力

東映ラボ・テック　東映デジタルラボ　東映デジタルセンター

後援

石川県
金沢市

特別協力

北國新聞社

特別協賛

加賀市

協賛
＜加賀に生まれて77周年＞
株式会社月星製作所　株式会社ツキボシP&P
株式会社金津工作所　石川精工株式会社　株式会社ツキボシサービス　有限会社佐藤鋲螺

pokka sapporo

北陸放送株式会社　株式会社ソディック
株式会社シ・ピ・エル　しらやま商舗
株式会社アクシアクリエーション　金沢まいもん寿司
株式会社Diskar Management　株式会社CIECJAPAN
株式会社ビーイングホールディングス　株式会社コスモグループ　株式会社サードセブン　株式会社ゴーゴーカレーグループ
別邸倶楽部金澤　株式会社シモアラ　High Junk株式会社　株式会社稲垣測量　株式会社岸グリーンサービス
パシフィック不動産株式会社　株式会社金沢ポートサービス　株式会社向出組　日樽建設工業株式会社
日本海観光バス株式会社　株式会社エリオ　深田熱処理工業株式会社　株式会社旅くらぶ四季彩
株式会社KI·RA·RI　株式会社富士トラベル金沢　赤澤純代　久藤グループ　キムラ株式会社
株式会社サイエンス　株式会社カーロカーラ　株式会社ブランドバンク　有限会社丸幸　ワンフォース株式会社
株式会社アブサライ　全日本空輸株式会社　金沢ゾンタクラブ　加賀電子株式会社　株式会社クスリのアオキ

映画「レディ加賀」製作委員会

株式会社サーフ・エンターテイメント	濱口典子			
株式会社フェローズ	村田徹	五十嵐翔平		
株式会社ポニーキャニオン	菊池貞和	村上栄一	布川均	藤井健一
株式会社basil	亀山暢央			
ミライ・ピクチャーズ・ジャパン	神品信市	西村克也	山多裕生	奥村伸也
株式会社JR西日本コミュニケーションズ	横山新一	岡本尚之	辻子陽一	安田孝史
ポリゴンマジック株式会社	鶴谷武親	津崎美樹	吉田るみ	
	山川文大	岡野拓也		
アークエンタテインメント株式会社	木原佑輔	蛭間奏恵		
合同会社ねこじゃらし	笹木喜絵	金村和哉		
株式会社SDP	大塩秀太	花田郷史	今川広樹	
株式会社トイズファクトリー	平田秀夫	大東歩	神谷浩	堀越勝也
株式会社ウィルウェイ	井辺良祐			
株式会社レアル	小野田和則			
合同会社おさかな	長船美和子			

企画　株式会社サーフ・エンターテイメント

企画協力　株式会社フェローズ

制作プロダクション　ポリゴンマジック株式会社

配給　アークエンタテインメント株式会社

監督
雑賀俊朗

映倫
123966

映画
『レディ加賀』公式ガイドブック

2024年1月22日発行

発行人	田中朋博
編集	堀友良平
写真	中山雅文 スギゾー。
写真提供	石川県 (公社)石川県観光連盟 加賀市観光交流課
装丁・デザイン	徳田 亮　村田洋子
DTP	徳田 亮　村田洋子
校閲	菊澤昇吾
販売	細谷芳弘　菊谷優希
発行	株式会社ザメディアジョン 〒733-0011 広島県広島市西区横川町2-5-15 横川ビルディング TEL.082-503-5035　FAX.082-503-5036 https://mediasion.co.jp/
印刷・製本	株式会社シナノパブリッシングプレス

ISBN978-4-86250-779-2